D1935715

„Die politische Intention und Rezeption ihrer Musik hatten in den USA zur Folge, dass afroamerikanische Musiker an den Rand der Gesellschaft und Existenz gedrängt wurden. Die ‚Fire Music' der Sechziger und frühen Siebziger Jahre hat tiefe Spuren hinterlassen. Bei denen, die überlebten, hat sich der Kampf gegen den Mainstream tief in den Gesichtern eingegerbt." Christian Broecking fragt in Interviews damalige Protagonisten, was aus den Initiativen zur Selbstbestimmung und Selbstorganisation geworden ist.

Christian Broecking, Soziologe und Jazzpublizist, Kolumnist für Tageszeitungen (taz, Tagesspiegel) und Fachzeitschriften (jazz thing), Radio-DJ und -autor, Buch: „Der Marsalis-Faktor. Gespräche zur afroamerikanischen Kultur in den 90er Jahren" (Oreos), Referent für die Darmstädter Beiträge zur Jazzforschung, Dozent für Musikjournalismus an der Goethe-Universität Frankfurt/Main. Lebt in Berlin.

Christian Broecking
Respekt!

Für Maxi

Erste Auflage
Verbrecher Verlag Berlin 2004
www.verbrecherei.de

© Christian Broecking 2004
Gestaltung: Sarah Lamparter
Einbandgestaltung: Thorsten Platz
Druck: Dressler, Berlin
Printed in Germany

ISBN: 3-935843-38-0

INHALT

Ich habe meine Kids nicht zu Musikern erzogen. Sie kamen dazu aus freien Stücken. Und je mehr Musik sie hörten, desto mehr fragten sie mich. Über die Grundlagen, über Akkordwechsel und all das. Das nenne ich Respekt. Auch wenn sie unsere Musik heute sampeln - das ist eben ihre Art von Respekt. In Amerika wissen die Schwarzen längst nicht soviel von der Geschichte der Black Music wie die Europäer oder Japaner. Das ist eine große Schande, aber schließlich ist sie ihnen auch kaum präsentiert worden. Wer sich also heute bemüht, den Schwarzen die Informationen über ihre Kultur näher zu bringen, tut etwas sehr Sinnvolles. Das bewerte ich also durchaus positiv an der gegenwärtigen Entwicklung im Jazz. In der Black Community gibt es verschiedene Arten von Respekt. Man schüttelt sich die Hände oder grüßt sich. Und als ich im Publikum von Wynton Marsalis saß, spielte er auch einige Stücke aus meiner Zeit mit Ornette Coleman. Das nenne ich Respekt.

Don Cherry (1936 - 1995)

DIE DEKONSTRUKTION DER NEGRO-ÄSTHETIK

EINE NEUE RUNDE IM AMERIKANISCHEN KULTURDISKURS.

Auch vierzig Jahre nach „I Have A Dream" sind die Dinge nicht im Lot. „The Negro Is Still Not Free", hieß es damals bei Dr. Martin Luther King Jr. Der Mangel an Respekt herrscht nach wie vor überall. Man wird nicht beleidigt, aber man wird auch nicht beachtet, man wird nicht als ein Mensch angesehen, dessen Anwesenheit etwas zählt, schreibt Richard Sennett („Respekt im Zeitalter der Ungleichheit"). In einem sensiblem Gestrüpp zwischen Anerkennung, Würde und Status wartet der Respekt auf seinen Einsatz. Für die amerikanischen Schwarzen ist sozialer Respekt historisch äußerst selten. Ob nun in Ralph Ellisons Roman „Invisible Man" oder in „Acknowledgement" aus John Coltranes „A Love Supreme", es geht, und zwar bis heute, immer wieder um Strategien der Verweigerung und um Selbstbehauptung in Zeiten größten Respekt-Mangels.

Als Valerie Wilmer 1977 in ihrem Buch „As Serious As Your Life" das New Thing im Jazz beschrieb, entwarf sie das Schlüssel-Porträt einer innovationshungrigen Künstler-Szene, die Mitte der Siebziger Jahre am Ende ihrer großen kreativen Phase angelangt war. Besonders die politische Intention und Rezeption ihrer Musik hatten in den USA zur Folge, dass diese Musiker an der Rand der Gesellschaft und Existenz gedrängt wurden. Die „Fire Music" der Sechziger und frühen Siebziger

Jahre hat tiefe Spuren hinterlassen. Bei denen, die überlebten, hat sich der Kampf gegen den Mainstream tief in den Gesichtern eingegerbt.

Über 25 Jahre nach Wilmers superber Reportage kommen hier mit Ornette Coleman, Sam Rivers, Roswell Rudd und Archie Shepp, sowie dem Initiator der New Yorker Oktoberrevolution von 1964, Bill Dixon, einige Protagonisten aus der von ihr skizzierten Welt wieder zu Wort, um zu kommentieren, was aus den Initiativen zur Selbstbestimmung und Selbstorganisation der afroamerikanischen Musiker geworden ist.

Eine unerwartete Zäsur, die historische Einordnung und Relevanz ihrer Musik betreffend, kam Anfang dieses Jahrzehnts aus einer ganz anderen Ecke. In dem Ken Burns Film „Jazz. A History of America´s Music" spielten diese Musiker jedenfalls keine Rolle mehr. Er ist neunzehn Stunden lang und beschreibt in neun Teilen die Geschichte des Jazz bis 1960. Lediglich der zehnte und letzte Teil ist den Ereignissen der vergangenen vierzig Jahre gewidmet. Und da setzt die Kritik an, die von The New York Times bis zum New York Review Of Books, von The New Republic bis zur Village Voice die Runde machte. Denn der Fortschritt, den der Jazz seit 1960 gemacht hat, wird durch Ken Burns Jazzfilmreihe grundsätzlich in Frage gestellt. „Jazz" erzählt vor allem die Geschichte einer Musik, die von schwarzen Amerikanern erfunden wurde, und dass die wesentlichen Neuerungen ebenfalls von Afroamerikanern entwickelt wurden. Kritiker, die von „Jazz" nun die einzig wahre und umfassende Geschichte erwarteten, wurden enttäuscht und mehr als das. Denn für den Dokumentarfilmer Burns standen gerade jene soziokulturellen Aspekte dieser Musik im Vordergrund, die die Geschichte des amerikanischen Rassismus im 20. Jahrhundert erzählen.

Die Serie, die im amerikanischen Fernsehen lief, hatte an einigen Tagen bis zu zwölf Millionen Zuschauer. So erfolgreich war Jazz in Amerika seit Jahrzehnten nicht, für unzählige Amerikaner mögen Burns Filme der erste Kontakt mit dieser Musik gewesen sein. „Jazz" ist in erster Linie ein Film für Amerikaner. Der Vorwurf jedoch, dass hier alles ausgespart wurde, was nicht in das Klischee eines von schwarzen Amerikanern geprägten Kanons passt, den die Burns Berater Wynton Marsalis und Stanley Crouch als die klassische amerikanische Musik des 20. Jahrhunderts preisen, traf den Kern.

Der schwarze Schriftsteller und Jazz At Lincoln Center-Berater, Stanley Crouch, Jahrgang 1945, ist für seine provozierenden Stil bekannt. Sein Diktum, Miles Davis sei „der Waldheim des Jazz", weil er mit seinem „Bitches Brew"-Album den Jazz an den Popmarkt verraten habe, mag aus der Perspektive des New Yorker Jazz-Dschungels allerdings nie so ernst gemeint gewesen sein. Crouch kommt in New York ungefähr da ins Spiel, wo Vilmers Buch endet. Zunächst spielte er in der Band seines Freundes David Murray Schlagzeug. Er hatte den Saxofonisten Mitte der Siebziger Jahre nach New York geholt und schrieb kämpferische Artikel, um ihn als Nachfolger von John Coltrane zu etablieren. Ekkehard Jost stellte Crouch in seinem Buch „Jazzmusiker. Materialen zur Soziologie der afro-amerikanischen Musik", 1982, noch als umtriebigen und einflussreichen Aktivisten und Publizisten des schwarzen Underground Jazz vor. Doch einige Jahre später wechselte Crouch die Seiten, alles was nach schwarzer Avantgarde und Free Jazz roch, war ihm nun verhasst, alles was nach Wiederbelebung einer ausgelaufenen Tradition klang, wurde von ihm fortan promoted. Blues und Swing wurden zu Codes, Ralph Ellison und Albert Murray zu Stichwortgebern und der Trompeter Wynton Marsalis, Jahrgang 1961, zum neuen Helden.

Marsalis, der Anfang der achtziger Jahre von New Orleans nach New York zog, machte sich dort – trotz renommierter Lehrjahre bei Art Blakey´s Jazz Messengers und Grammy-Auszeichungen sowohl im klassischen wie auch im Jazz-Segment – vor allem unter den New Yorker Jazzkritikern Feinde, als Crouch ihn unter seine Fittiche nahm. Die Werte, die Marsalis nun propagierte, wurden von der Kritik schnell als engstirnig, rückwärtsgewandt und blasphemisch vom Tisch gewischt. Marsalis lies sich jedoch nicht einschüchtern. Mittlerweile zum Führer einer neokonservativen Revolution des amerikanischen Jazznachwuchses hochstilisiert, gründete er Anfang der Neunziger Jahre eine Jazzkonzertreihe am New Yorker Lincoln Center, die mittlerweile zu der eigenständigen, höchstbudgetierten und einflussreichsten amerikanischen Jazzinstitution gewachsen ist. Die erste Konzerthalle für Jazz wird unter der künstlerischen Leitung von Marsalis Ende 2004 in New York eröffnet. Nach wie vor ungewöhnlich ist, dass ein schwarzer Amerikaner einer solch renommierten Hochkultureinrichtung vorsteht. Zudem erhielt er als erster Jazzmusiker den Pulitzerpreis, wurde von den Vereinten Nationen zum Friedensbotschafter ernannt und von Time Magazine zu den 25 einflussreichsten Amerikanern gezählt.

Frühjahr 2003. Das Foto, das Stanley Crouch oben links auf seiner Kolumnenseite „Jazz Alone“ zeigt, ist schon ziemlich alt. Seltsam verschwommen blickt er drein, als habe er einiges zu verbergen, als wolle er nicht, dass man ihn auf der Straße erkennt. Dieses Seitenprofil hat Crouch schon bei zahlreichen Auszeichnungen als einer der begabtesten Essayisten des heutigen Amerikas begleitet. Seitdem die führende US-amerikanische Fachzeitschrift „Jazz Times“ ihm eine monatliche Kolumne einrichtete, ist noch nicht all zuviel Zeit vergangen. Crouch ist der umstrittenste Jazzkritiker weit und breit, und der Hagel an Leserbriefen, die die JazzTimes-Redaktion erreichten, übertraf jede bisher da gewesene – überwiegend negative – Reaktionsquote, und überraschte doch keinen wirklich. Dabei war Crouch in den Kolumnen völlig im Rahmen seiner grob provokativen Theoreme geblieben, mit Hilfe derer er einer Clique junger afroamerikanischer Musiker in den letzten zwei Jahrzehnten den Weg in den US-amerikanischen Medienmainstream erschrieben hatte. Doch plötzlich wurde Crouch von JazzTimes-Chefredakteur Christopher Porter via Email gefeuert. Man würde seine Argumentation nun zur genüge kennen und wolle sich neuen Inhalten öffnen, hieß es in der kurzen Begründung. Hintergrund war jedoch eine Kolumne von Crouch, in der er unter dem Titel „Putting The White Man In Charge" gegen den von ihm ausgemachten Trend polemisierte, dass weiße Kritiker ihre Medienmacht dazu missbrauchen würden, ausschließlich weiße Musiker auf den Plan zu bringen. Und zwar auf Kosten afroamerikanischer Musiker, die sich der Swing- und Blues-Tradition verschrieben haben.

Crouch hatte, milde ausgedrückt, einigen weißen Kritikern vorgeworfen, dass sie ihre Rebellionssehnsucht gegen den eigenen Background auf die afroamerikanischen Kultur projizieren würden. Die weißen „Run-Away-Middle-Class-Boys" meinten es jedoch nicht ernst mit ihrer Würdigung der schwarzen Kultur, ja, schlimmer noch – sie würden nach Kontrolle über ihre Protagonisten streben. Der von Crouch provozierte Diskurs über die Existenz eines weißen Kritikerestablishment im Jazz zog auf einmal Kreise, die bis zu Newsweek reichten. Aus Crouchs Sicht habe sich jene Rebellionssehnsucht gegen die Negro-Ästhetik selbst verschoben. Dass selbst noch der größte Widersacher Crouchs innerhalb der Black Community, der maoistische Jazz-Poet Amiri Baraka aka LeRoi Jones, für den geschassten Kolumnisten Partei ergreift, gibt Auskunft über das Ausmaß des Skandals. Und es geht dabei nicht nur um die Situation afroamerikanischer Kritiker in den amerikanischen Medien. Die drei großen amerikanischen Jazzzeitschriften haben kein afroamerikanisches Redaktionsmitglied -- das ist die Erfahrung, die Baraka und Crouch eint. Eine Überbewertung des Marsalis-Faktors, durch schwarze Kulturkompetenz zu gesellschaftlicher Anerkennung und entsprechender Platzierung zu gelangen, hatte zudem in den letzten Jahren zu übertriebenen Hoffnungen auf gutdotierte Posten für Schwarze in der amerikanischen Hochkultur geführt.

Zur Last der Tradition, über deren Gewicht sich die afroamerikanischen Kulturträger noch zu einigen haben, gehört auch die aus der Old School der schwarzen Jazzkultur überlieferten, historisch bedingten Vorbehalte gegenüber der von Weißen beherrschten Musikindustrie – die Ausbeutung schwarzer Originalität durch weiße Produzenten hat halt eine lange Geschichte. Steve Coleman mag diesbezüglich von seiner M-Base-Erfahrung profitieren, bei der es ja nicht nur um einen neuen, zeitgemäßen musikalischen Ausdruck schwarzer Musik, sondern auch um die Entwicklung von unabhängigen und selbstkontrollierten Businessstrukturen ging. Die Aktualisierung der Tradition war eine Sache, den Ratschlag der Alten, wenn möglich schwarze Musiker zu engagieren, beherzigte auch er. Es scheint somit, dass der Black Heritage-Diskurs, in dem der Umgang mit dem kulturellen Erbe des schwarzen Amerikas verhandelt wird, für die afroamerikanischen Jazzmusiker eine kulturelle Kernkompetenz festschreibt. Das schließt auch noch den sperrigen Bassisten William Parker ein, der sich verbal von jeglicher Traditionsbewahrung verabschiedet hat, dessen Musik aber voll von Bezügen zur Geschichte der schwarzen Musik ist.

In diesem Buch steht der afroamerikanischen Jazz als ein Widerstandscode der schwarzen Community im Zentrum. Immer wieder wird gefragt, welche gesellschaftsverändernde Relevanz die Musiker ihrer Musik zuschreiben. Und die unterschiedlichen Antworten geben etwas von der Heterogenität der schwarzen Community preis. Respekt vor der Tradition wird hier als Mittel der Selbstvergewisserung in einem unsicheren Hier und Jetzt thematisiert. Die Suche nach Identität schleicht wie ein roter Faden durch die verschiedenen Statements. Es ging hier nicht darum, reaktionäre Formen der Respekterweisung vor einem vermeintlich besseren Alten, Gewesenem abzufragen oder gar einzuklagen. Mit Max Roach, Sonny Rollins und Wayne Shorter kommen historische Innovativkräfte der afroamerikanischen Musik zu Wort, die sich nicht alle einer restriktiven Festschreibung auf die Tradition verweigern. Sie sind Teilnehmer, Mitglieder und Repräsentanten schwarzer Kultur. Als solche sprechen sie in diesem Buch. Für sie war 1960 nicht das Ende der produktiven Jazzgeschichte und die Zäsur für die Kanonbildung einer schwarzen Kultur, vielmehr reden sie über ihre Erfahrung des politisch-kulturellen Aufbruchs in den Sechziger Jahren und was daraus geworden ist. Insofern reichen diese Statements weit über den von Burns und Co. gesetzten Rahmen hinaus. Es geht um die Rezeption einer Kultur, die ganz wesentlich die Auseinandersetzung mit dem amerikanischen Rassismus widerspiegelt. Diskutiert wird jedoch auch, welche Strategien des Widerstands heute notwendig und möglich scheinen. James Carter, der von der Avantgarde wie von den Neotraditionalisten als zukunftsweisender Musiker genannt wird, sieht die junge afroamerikanische Szene aktuell unter Zugzwang. Sie müsse sich dringend politisieren und ein qualifiziertes Community-Netzwerk reorganisieren, um handlungsfähig zu bleiben und Impulse geben zu können.

Die Auswahl der hier versammelten Musiker wurde durch die Prägnanz ihrer Aussagen entschieden. Nicht zu vergessen:

Im Zentrum dieses Buches stehen Statements von Jazzmusikern, die überwiegend unter den Bedingungen einer segregierten Gesellschaft aufwuchsen. Respekt und Identität sind ihre wesentlichen Codes. Zudem repräsentieren sie die Kontinuität von kämpferischem, ja, revolutionärem Engagement innerhalb der schwarzen Jazzcommunity seit Ende der Fünfziger Jahre. Angesichts des Zerfalls der afroamerikanischen Community steht bei allen die Frage im Mittelpunkt, wie das kulturelle Erbe zu bewahren sei; die Zeiten, da Jazz als Black Culture populär war, sind schließlich längst vorbei. In den Interviews wird reflektiert, wie sich dieser Wandel vollzogen hat und wie er wirkt. Archie Shepp, William Parker und James Carter predigen den Gospel, klagen das politische Engagement des zeitgenössischen Künstlers ein. Die Zeit läuft. Keep the nerve!

Christian Broecking, Frühjahr 2004

INTERVIEW MIT SONNY ROLLINS

„The Greatest living jazz musician" – das war die Headline des Sonny Rollins-Specials in der New Yorker Village Voice zu seinem 65. Geburtstag. Rollins, Jahrgang 1930, gibt nur sehr selten Interviews. Diese werden – in der Regel nach langem Vorlauf – von seiner Ehefrau, Managerin und Co-Produzentin, Lucille Rollins, genehmigt und organisiert. Wer solche Prozedur also mit viel Geduld und noch besseren Gründen durchsteht, wird belohnt. Mit einem Interviewpartner, der vorbereitet ist und sich Zeit nimmt. Wenn man ihn bittet, spricht er von damals. Über Heroin. Über Selbstzerstörung. Über Charlie Parker und seine Mutter, die bei ihm war während des Entzugs. Über Werbespots, bei denen er mitmachte. Über Werbespots, die er ablehnte. Über das, was Ishmael Reed mit den „pat jubas" der Sklavenzeit vergleicht: jenes mediale Ausspielen von John Coltrane gegen Rollins, von Rollins gegen Coltrane. Motto: Nur einer kann der Sieger sein. „Wir wurden damals als die zornigen Young Tenors gelabelt - wir waren so etwas wie die Antwort auf Stan Getz und Birth of the Cool." Rollins spricht auch über heute, über seinen permanenten Kampf, den Sound zu finden, der mehr sagt als Worte.

1958 öffneten Sie mit Ihrer „Freedom Suite" (mit Oscar Pettiford und Max Roach) das „Fenster für politisch motivierte Jazz-Platten". Sie bezeichneten die 19minütige Suite selbst einst als „den ersten ausführlichen sozialen Kommentar im Jazz". Wie denken Sie heute darüber?

Ich machte die „Freedom Suite", die „Freedom Now-Suite" wurde später dann von Max Roach gemacht. Das war sehr wichtig, und ich denke, dass die Musik und die Thematik auch heute noch relevant sind. In der heutigen Gesellschaft bestehen immer noch die gleichen Probleme. Man muss immer noch gegen die Haltung gewisser Leute kämpfen. Man kann sagen, dass sich einiges verbessert hat, und genauso kann man sagen, dass die Dinge schlechter geworden sind, doch letztlich geht es um den permanenten Kampf, aus der Welt einen sichereren Ort für alle Menschen zu machen, und eben das versuche ich, daran glaube ich. Deshalb denke ich, dass die „Freedom Suite" auch heute noch genauso treffend ist wie damals, als sie entstand.

Max Roach sagt heute, dass die Kämpfe, die sie den 50er und 60er Jahren für eine gerechtere Welt fochten, nichts gebracht haben. Zumindest nicht für die schwarzen Amerikaner. Im Gegenteil, es hätte sich alles zum Schlechteren gewendet. Die Schwarzen seien die großen Verlierer der sogenannten Integrationspolitik. Roach plädiert heute für eine Rückkehr zur Segregation, zu einer Politik des Separatismus. Wie ist das für Sie – gibt es positive Veränderungen, die Sie noch auf etwas anderes hoffen lassen?

Einige positive Dinge sind geschehen seit damals, seit der Segregation, aber es ist schwierig, die genauer zu bestimmen, denn gleichzeitig ist auch eine Menge Negatives vorgefallen. Ich würde eher sagen, dass die wesentlichen Probleme weiter bestehen, sie werden nicht innerhalb von zehn oder zwanzig Jahren gelöst. Da muss man Geduld wahren. Es bleibt zwar nicht alles beim Alten, doch die Existenz neuer Probleme macht es erforderlich, dass wir uns ihrer bewusst sind und sehen, dass wir in gewisser Weise auch mit ihnen verstrickt sind. Wenn ich zu dieser Thematik befragt werde, verweise ich immer auf die Tatsache, dass wir in einer sehr gefährlichen Welt leben, in der es eine Menge ökologischer Probleme gibt. Das ist auch sehr wichtig. Man sollte sich, statt nur über Rassismus zu diskutieren, auch das bewusst machen. Wir befinden uns in einer Situation, in der jeder bedroht ist, also müssen wir versuchen, alle zusammen eine Lösung zu finden, und zwar als Planetarier und nicht als Deutsche, Amerikaner, Schwarze oder Weiße, Araber oder Juden. Wir müssen als Planetarier zusammenfinden und erkennen, dass diese Probleme relevant sind für die Spezies Mensch und alle miteinander zusammenhängen. Ich möchte niemanden diskriminieren, sondern anderen gegenüber ein guter Bürger sein, und ich hoffe, dass man sich mir gegenüber ähnlich verhält. Es ist wichtig, dass man Leute nicht mehr nach rassistischen Kriterien trennt. Dafür ist es endgültig zu spät, wir müssen uns alle zusammentun und uns um eins kümmern, nämlich um die Erhaltung dieses Planeten. Wenn wir das jetzt nicht tun, wird in 20 oder 30 Jahren vielleicht niemand mehr dazu in der Lage sein, weil dann alles zerstört sein wird. Das ist also für sämtliche Gruppierungen relevant.

Was Jazzmusik anbetrifft, so beurteilen wir in dieser Community die Leute nach ihren Fähigkeiten; es handelt sich um eine Elite von guten Spielern, mit Hautfarbe hat das nichts zu tun. Wenn jemand gut spielt, wird er auch akzeptiert, deshalb ist der Jazz auch eine so wichtige musikalische Form, eben sehr demokratisch. Das ist ein gutes Prinzip, an dem sich die restliche Welt ein Beispiel nehmen sollte.

1929 wurde in Deutschland eine Oper geschrieben (Ernst Krenek „Jonny spielt auf", 1926), die zum Thema hat, inwieweit Jazz die Welt miteinander verbinden könnte. Ich glaube, sie wurde in Berlin uraufgeführt; zu jener Zeit könnte auch bereits Duke Ellington davon erfahren haben. Die große Kraft des Jazz, Leute zusammenzubringen und Menschlichkeit in eine geteilte Welt zu bringen, ist also nichts Neues. Sie war schon immer da und ist immer noch sehr wichtig, denn es gibt nach wie vor Kräfte, die versuchen, Leute zu trennen, und genauso gibt es Kräfte, die versuchen, diesen Planeten zu zerstören, es hängt also irgendwie alles miteinander zusammen.

Es macht einen zum Außenseiter, wenn man solche Dinge äußert, denn man wird dann beschuldigt, gegen das System zu sein. Ich bin aber inzwischen alt genug, für mich hat das keine Wichtigkeit mehr; außerdem bin ich nur ein Jazzmusiker, dem nicht soviel Aufmerksamkeit entgegengebracht wird. Niemand wird versuchen, mich für das, was ich sage, umzubringen. Ich habe ein Recht darauf, das, was ich denke, zu äußern.

Kann man mit Musik die Welt verändern?

Ja, man kann sicher mit bestimmten Titeln eine Wirkung erzielen, aber die Musiker sollten sich auch dessen bewusst sein, dass Jazz eine sehr fließende und kreative Musik ist und viel mit den sozialen Bedingungen überall in der Welt zu tun hat. So ist Jazz ja auch entstanden, er war ja eine Art von Protestmusik. Zwar hat Jazz auch Unterhaltungswert, die Leute hören ihn gern, doch es steckt viel Protest darin und das Anliegen, Dinge zu verbessern. Man kann zwar heutzutage in Form von Musikstücken und -titeln die Frage nach mehr Gerechtigkeit, Freiheit, Arbeit für alle etc. stellen, sollte aber vorsichtig damit sein, denn man wird schnell von einigen Leuten ausgegrenzt und als Verrückter bezeichnet, wenn man die eigene Position so geradeheraus und direkt präsentiert. Was ich jetzt vielmehr versuche, ist, mit meiner Musik eine Message zu formulieren, ohne die Dinge konkret beim Namen zu nennen. Wenn man das nämlich tut, wird man von den Medien zu schnell kategorisiert und dafür kritisiert. Das beste ist also, einfach nur Musik zu machen. Natürlich sollten die Musiker sich dessen bewusst sein, und ich denke, viele sind es auch, doch die meisten denken nicht, dass sie viel verändern können. Einige denken natürlich auch nur an ihre nächste CD-Veröffentlichung und einen dicken Vertrag, doch sie sollten sich bewusst sein, dass Jazz eine Musik mit einer Vision sein muss, die eine Existenzberechtigung hat und vielleicht auch auf einige Umstände mit denen wir auf dieser Welt konfrontiert sind, Einfluss nehmen kann.

Mit welchem Druck müssen Jazzmusiker rechnen, wenn sie sich als Künstler politisch engagieren?

Jazz ist eine Subkultur. Die Leute, die die Musikindustrie kontrollieren, kümmern sich nicht so sehr um Jazz. Der Jazzmarkt ist wahrscheinlich mit dem Klassikmarkt vergleichbar, es wird nur wenig Geld damit gemacht. Also kümmert man sich auch nicht so sehr um die einzelnen Künstler; Jazz erreicht einfach zu wenige Leute, so denken zumindest die Leute aus der Musikindustrie darüber. Ich persönlich fühle mich von ihnen nicht unter Druck gesetzt, es ist einfach so, dass sie etwas vernachlässigen, das nicht genug Geld einbringt.

Erst kürzlich fragte mich ein Freund, warum Jazz nicht stärker in große Projekte, wie die Bekämpfung des weltweiten Hungers, involviert sei, woraufhin ich ihm erklärte, dass der Jazz sich glücklich schätzen würde, etwas Derartiges zu tun, dass nur Jazzmusiker leider nie gefragt würden, weil Jazz eben nur ein sehr kleiner Teil der Musikindustrie ist. Die Verantwortlichen für solche Projekte wissen oft kaum etwas über Jazz.

Als ich „Times Slimes" (auf „Old Flames") machte, womit ich gegen die Art der „New York Times", der größten Zeitung der Vereinigten Staaten, protestierte, gesellschaftliche Probleme zu behandeln, um dadurch die Wahrnehmung der Bürger zu manipulieren, war das noch ein anderer Ansatz.

Inzwischen habe ich meine Methode geändert, ich benutze keine Titel mehr, sondern versuche, mehr durch die Musik auszudrücken, ohne große Worte darüber zu verlieren. Ich denke, man erreicht mehr mit der Musik selbst, als z. B. eine Massenbewegung aller Jazzmusiker zu organisieren, die dann Stücke wie „Freedom Suite“ oder „Times Slimes“ präsentieren würde. Meiner Meinung nach ist das nicht erforderlich, man sollte in der heutigen Zeit alles in der Musik selbst unterbringen. Zumindest versuche ich es auf diese Weise, ich kann natürlich nicht für andere sprechen. Ich versuche, meine Position Teil der Musik werden zu lassen, so erreiche ich bestimmt mehr Leute, als wenn ich versuchen würde, zu ihnen sprechen. Die Leute mit Worten zu erreichen, ist ohnehin sehr schwer. In Amerika und sicher auch in anderen Teilen der Welt wird man sehr schnell belächelt, für verrückt erklärt und kategorisiert, wenn man zuviel über bestimmte Dinge, wie etwa Rassismus, zu den Leuten spricht. Ich bemühe mich stattdessen, solche Gedanken in meiner Musik zu formulieren; ich denke auch, das ist das Einzige, was wir tun können, schließlich bin ich Musiker. Genauso wie ich solche Gedanken mit meiner Musik zum Ausdruck bringe, sollten auch andere Musiker versuchen, ihre Erkenntnisse musikalisch zu vermitteln; ich glaube, dann hätte die Musik viel mehr Kraft, etwas zu bewirken, als sie es jetzt hat. Im Moment sind zu viele Musiker ausschließlich um ihren guten Namen, einen Plattenvertrag etc. bemüht, diese Haltung hat jedoch keine Zukunft, wenn der Protest fehlt. Man kann nicht nur ans Geldverdienen denken, das ist zumindest meine Meinung dazu. Ich brauche mich heute nicht mehr damit auseinander zu setzen, dass ich als Rebell und Irrläufer verschrien werde, nur weil ich mich in die Tradition des Jazz als Protestmusik stelle. Aber ich weiß um diese Erfahrung. Ich habe sie gemacht. Und das hat sich – zumindest in den Staaten – nicht verändert.

Was verbinden Sie mit dem Terminus „Jazz-Business"?

Ich denke vor allem nicht, dass Jazzmusiker kein Geld verdienen und stattdessen leiden, keine Jobs bekommen und in irgendwelchen Löchern hausen sollten. Ich meine jedoch, dass sich Musiker über bestimmte Dinge bewusst werden sollten, eben über alles, was so vor sich geht. Das hat jetzt nichts damit zu tun, eine CD zu machen, sondern vielmehr sollte ein Bewusstsein dafür vorhanden sein, was um einen herum passiert und eine Methode gefunden werden, dieses in die Musik zu integrieren.

Wie man es macht, muss jeder selbst herausfinden, das hängt von den einzelnen Individuen ab. Musik ist breit gefächert, es gibt da viele Möglichkeiten; wichtig ist eben vor allem, zunächst ein Bewusstsein für alles, was in der Welt so vor sich geht, zu schaffen. Auf diese Weise könnte Jazz zu einer musikalischen Kraft werden, die weltweit wirkt, und nicht nur eine Musik sein, die man bei Champagner und Cocktails hört.

Wie ist Ihre Erfahrung mit jungen Musikern?

Ich denke, dass einige von den jungen Musikern wirklich gut sind, Leute wie Kenny Garrett, James Carter, Roy Hargrove. Sie sind eigentlich genauso wie die Leute, mit denen ich damals anfing, nur gibt es einen großen Unterschied: In den Vierziger und Fünfziger Jahren gab es wesentlich mehr Musiker, einfach größere Bands, wie die Basie Band, Ellington, dann gab es Erroll Garner, Billie Holiday, Charlie Parker, Dizzy Gillespie und Billy Eckstine – eben viele unterschiedliche Gruppen von Leuten, diese Aktivität im Musikbusiness gibt es heute nicht mehr. Dennoch würde ich sagen, dass die heutigen Musiker sich auf einem ähnlich hohen Niveau befinden, und wir arbeiten natürlich daran, dieses weiterzuentwickeln.

Seit über 30 Jahren veröffentlichen Sie auf dem Milestone/ Fantasy-Label. Warum?

Es gibt keinen bestimmten Grund, warum ich zu ihnen ging. Der ursprüngliche Gedanke war nur, vom Kommerzialismus der meisten Plattenfirmen wegzukommen, die versuchen, einen zu steuern, indem sie einen nur eine bestimmte Art von Musik machen lassen. Das ist sehr verbreitet bei diesen Firmen; manchmal geben sie einem zwar einen großen Betrag, doch dann wollen sie, dass man genau das macht, was ihre Künstler machen und versuchen, einen auf diese Weise zu lenken. Bei Fantasy ließen sie mir freie Hand, und ich machte das, was ich machen wollte. Man hat hier zwar nicht ein so großes Budget, wie man es bei einer Firma wie Columbia haben würde, aber mein Standpunkt ist sowieso, dass zuviel Rummel falsch ist.

Jazz hat damit nichts zu tun, er ist etwas Beständiges und eben gerade keine Popmusik. Also hat er auch keine Künstler nötig, die jede Woche neue Hits produzieren und in der Top Ten vertreten sind. Jazz sollte gleichbleibenden Wert besitzen, deshalb ist es auch nicht wichtig, einen Vertrag mit einer dieser großen Plattenfirmen zu haben, die von einem erwarten, dass man genau die Musik macht, die sie wollen. Meine Erfahrung mit Fantasy war die, dass sie mich mit einem Minimum von Einmischung ihrerseits meine Sache machen ließen.

Wenn Sie Songs aus der Geschichte des Jazz spielen – ist das Ihre Art, Respekt für die Tradition zu zeigen?

Das ist mir immer wichtig gewesen. Aus diesem Grunde habe ich auch „H.S.“ geschrieben, eine Komposition, die ich Horace Silver gewidmet habe. Es ist keine direkte Kopie, aber für mich so etwas wie eine Erinnerung an das, was Horace Silver vor Jahren gemacht hat. Ich wollte einen Song über ihn schreiben, weil ich denke, dass er von Anfang an einer der tapfersten Kämpfer im Musikbusiness gewesen ist. Dafür wollte ich ihn würdigen.

Ein anderer Song, „Cabin In The Sky", ist eine Ballade, die ich hörte, als ich als junger Mann ins Kino ging und Duke Ellington sah. Er machte in dem Film, der „Cabin In The Sky" hieß, mit; ich weiß nicht, wie viele Leute ihn damals in Deutschland gesehen haben. Jedenfalls gab es viele tolle Künstler darin, u. a. Ethel Waters und Louis Armstrong. Die Musik kam von Duke. Es war wirklich eine sehr eindrucksvolle Vorführung für die Zeit, als es nicht viel schwarzen Jazz im Film gab, das muss etwa 1941 gewesen sein. Ich war 11 Jahre alt, als ich den Film sah, und für mich war es sehr wichtig, die Musik zu hören und diese Bilder auf einer großen Leinwand zu sehen. Dieser Song war das Titelstück des Films, gesungen von Ethel Waters, und er war einer der Lieblingssongs meiner Kindheit, den ich auch von Zeit zu Zeit spielte.

Ich mochte „What A Difference A Day Makes" schon immer, insbesondere die Interpretation von Dinah Washington, einer meiner Sängerinnen. Ich habe immer noch ihren Gesang im Ohr, der einen großen Eindruck auf mich machte. Als Instrumentalist höre ich auch eine Menge Vokalmusik, und dieses ist ein Stück, das mir immer in Erinnerung geblieben ist. Ich wählte diesen Song aus, weil ich meine Musik mit ihm in Beziehung setzen und dieses Stück als Jazzvehikel einbringen wollte.

Auch den Sänger Nat King Cole habe ich in meinen Entwicklungsjahren viel gehört. Ich mag seine Arbeit sehr, und manchmal ertappte ich mich beim Spielen meiner unbegleiteten Soli dabei, dass ich einfach ein paar Noten von „Mona Lisa" spielte. Also dachte ich, dass es eine gute Gelegenheit sei, mal das ganze Stück zu spielen. Nat King Cole war jemand, der mich inspirierte, mich mit diesem Song näher zu befassen. Als kleiner Junge bin ich mindestens einmal in der Woche ins Kino gegangen. Es gab ja noch kein Fernsehen damals. Und einige Melodien der Songs aus den alten Filmen haben mich mein Leben lang verfolgt, deshalb spiele ich sie. Nicht um sie endgültig loszuwerden, sondern um sie zu bewahren. Sie haben lyrische Qualitäten, die man in den heutigen Kompositionen nicht mehr findet.

Im Black Culture Diskurs dieser Tage ist viel von Bestandssicherung des kulturellen Erbes die Rede?

Was meinen sie mit kulturellem Erbe? Da müssen sie präziser fragen.

Im positiven Sinne würde ich darunter verstehen, etwas so zu erhalten, damit es den nachfolgenden Generationen verfügbar bleibt. Auf eine kurze Formel gebracht: Konservieren für das kollektive Gedächtnis. Ist das auch Ihre Intention, wenn Sie heute die Songs Ihrer Kindheit interpretieren?

Natürlich spielt das eine Rolle. Die erste Platte, die ich als Bandleader machte, oder überhaupt meine erste Platte – das ist so lange her, dass ich mich gar nicht mehr genau erinnern kann – enthält ein Spiritual, das war ungefähr 1950, vielleicht war es sogar ein ganzes Album. Auf meinem ersten eigenen Album ist also bereits ein Negro-Spiritual zu finden, womit ich nur sagen möchte, man muss sich immer der Tradition bewusst sein, in die man sich stellt – eigentlich braucht man darüber auch gar nicht zu diskutieren, die Musik sagt schon alles. Es ist schwarze Musik, was jedoch nicht heißt, dass Weiße sie nicht spielen können, es ist schließlich globale Musik. Genauso verhält es sich, wenn man Chopin spielt. Wer sagt, dass ihn kein

Schwarzer spielen kann, der führt Schlechtes im Schilde. Es handelt sich bei Chopin einfach um großartige Musik.

Jazz ist natürlich eine sehr schwarze Musik, und das ist auch eines der Probleme dabei: Viele Leute wollen ihn aus ebendiesem Grund einfach nicht respektieren. Wenn man ehrlich ist, muss man jedoch zugeben, dass es sich hier um eine ganz besondere Musikform handelt, die sich grundlegend den Rhythmen verdankt. Natürlich ist auch die Melodie wichtig, jedoch sind es vor allem die Rhythmen, die Jazz von anderen Musikformen unterscheiden. Was zählt, sind die Beats, die Drums; ich glaube, davon sprach auch Ishmael Reed. Das ist eine Tatsache, die man berücksichtigen sollte.

Welche Musik hören Sie heute?

Ich höre heute eigentlich nicht soviel Musik; ich habe einfach nicht die Zeit, da ich so voll von meiner eigenen Musik bin, dass es mir unmöglich ist, mich hinzusetzen und andere Musik zu hören, geschweige denn zu genießen. Ich versuche, das, was mir so einfällt, zusammenzusetzen; eine bestimmte Richtung von Musik, die ich hauptsächlich höre, gibt es nicht. Manchmal höre ich zwar etwas, auch im Radio, doch ich setze mich nicht weiter damit auseinander. Vielmehr versuche ich, mit dem zu arbeiten, was ich bereits im Kopf habe.

Welche Projekte wollen Sie unbedingt realisieren?

Besondere Projekte habe ich zur Zeit nicht; ich versuche nur, wie schon gesagt, meine Musik noch kraftvoller werden zu lassen, indem ich sie mehr durchdenke. Ich versuche, das, was ich zu sagen habe, durch die Musik auszudrücken, nicht durch Dialog, indem ich den Leuten etwas erzähle, und auch nicht mit Songtiteln, das ist nicht meine Intention. Mir kommt es vor allem auf den instrumentalen Aspekt an, mit Worten habe ich nichts zu tun. Die kann man später immer noch hinzufügen.

Ich bin Instrumentalmusiker, deshalb arbeite ich auch mehr daran, eine starke instrumentale Message zu entwerfen. Das ist es, worum ich mich vor allem kümmere und wofür ich mich engagiere; bestimmte Pläne, mit anderen Leuten etwas zu machen oder etwas aufzunehmen, gibt es nicht. So was ist inzwischen unwesentlich für mich, mir kommt es ausschließlich darauf an, meine Musik noch kraftvoller werden zu lassen und mehr mit ihr auszudrücken.

In Ihren frühen Musiker-Jahren lebten Sie in Sugar Hill in Harlem, New York. Schildern Sie doch bitte, wie das damals war – für jene Menschen, die sich unter Sugar Hill gar nichts mehr vorstellen können: Was war das für eine Community?

Das war die Community. Es handelte sich um eine Community, die sich in Folge der damaligen Segregationsgesetze in den Vereinigten Staaten bildete. Viele prominente Schwarze lebten in dieser Community. Ich wurde in einer Community in Lower Harlem geboren, und Sugar Hill war im sogenannten Upper Harlem. Später war es meiner Familie dann möglich, nach Sugar Hill zu ziehen, wo es ebendiese florierende schwarze Community gab, d. h. dort lebten wesentlich mehr bekannte Schwarze aus allen möglichen Bereichen. Künstler, Richter, Anwälte, Leute wie W.E.B. Du Bois oder Thurgood Marshall, Ex-Supreme-Court-Richter der Vereinigten Staaten – alle diese Leute lebten zu der Zeit in derselben Gegend, eben in Sugar Hill. Auch bekannte Ärzte und natürlich all die großartigen Musiker: Don Redman, Coleman und Erskine Hawkins, Andy Kirk und Sid Catlett, Jackie McLean, Duke Ellington lebte direkt um die Ecke, Jimmy Rushing lebte direkt bei uns im Block, dann Lester Young etc. Alle Prominenten der Jazz-Community wohnten dort. Es war zwar eine segregierte, aber gleichzeitig eine sehr lebendige und fruchtbare Gegend, wenn man dort wohnte. Die Community hatte auf die jungen Leute, die dort lebten, einen sehr positiven Effekt, denn wir hatten Gelegenheit, unsere Idole in natura zu sehen, wodurch wir inspiriert wurden, auch selbst ins Musikbusiness einzusteigen.

Was wurde aus dieser Community?

Das Leben in der Community hatte Vor- und Nachteile. Alles vibrierte dort, weil alles Mögliche aufeinander traf. Mit dem Leben in einer Community verhält es sich so: Insbesondere die Vereinigten Staaten sind ein Land, das nicht an Tradition glaubt, sowohl alte Häuser als auch die Metropolitan Opera werden abgerissen, wie auch andere alte Institutionen, z. B. das Yankeestadium – alles Orte, die eine lange Geschichte haben. Die Vereinigten Staaten haben die Tendenz, alles ganz neu machen zu wollen und darüber die Geschichte zu vergessen. „Es gibt keine Geschichte, wir schaffen alles ganz neu." Das ist der Unterschied zu vielen Orten in Europa, so hoffe ich zumindest. In Europa versucht man, alte kulturelle Wahrzeichen zu erhalten, und hoffentlich ändert sich das auch nicht – ich war nicht oft genug dort, um das beurteilen zu können.

Sobald sozialere Gesetze geschaffen wurden, begann die Gegend sich zu verschlechtern. Möglicherweise war diese Entwicklung sogar geplant, darüber weiß ich jedoch zu wenig. Gleichzeitig bot sich den Bewohnern natürlich die Möglichkeit, diese Gegend zu verlassen und woanders hinzuziehen. Harlem zerstreute sich; es begann eine Art Zerfall, als alle Prominenten in Gegenden wie Long Island und dahin, wohin es ihnen zu ziehen erlaubt war, zogen. Das hatte auch sein Gutes, denn die Leute bekamen mehr Wohnraum. Besonders nach dem Zweiten Weltkrieg wollte man größere Häuser, außerdem konnte man aufs Land ziehen. Die Kehrseite war nur, dass damit diese lebendige vibrierende Community zerstört wurde.

Stattdessen zogen dorthin Leute, die keinen Sinn für die kulturelle Bedeutung dieses speziellen Stadtteils hatten, so dass bald darauf die Kriminalität wuchs. Das scheint in den Staaten fast eine natürliche Entwicklung zu sein; ich weiß nicht, ob das auch für andere Teile der Welt gilt, ob es möglicherweise ein notwendiger Teil der industrialisierten Welt ist. Ich weiß nur, dass es an vielen Orten in Amerika so geschah, z. B. auch im Downtowndistrict von Detroit. Dort gab es mal eine tolle schwarze Community, doch wenn man heute dort durchgeht, denkt man, man hat zerbombte Baracken aus dem Zweiten Weltkrieg vor sich. Es bleibt den Historikern überlassen, zu entscheiden, ob dieses eine gute Sache ist oder nicht.

Diese Entwicklung hatte also einige positive Aspekte, aber leider auch viele bedauerliche, nämlich den Verlust einer Community, die die Tradition hätte bewahren können.

Als Sie sich damals den Irokesen-Haarschnitt zulegten – war das Image, Provokation oder beides?

Das war mehr ein Image für die Eingeborenen Amerikas, für mich eher ein individuelles Ding als ein Jazz-Image. Zu der Zeit sah ich mich nicht als Repräsentanten der Jazz-Community, ich war einfach nur ein Jazzmusiker. Ich dachte folglich nicht, dass es als Statement gewertet werden würde. Innerhalb der Community war es bloß ein persönliches Ding.

Wie wichtig ist Image für einen Jazzmusiker?

Das sollte individuell gehandhabt werden, da sollte man von außen nichts auferlegt bekommen. Klar, als ich bekannt wurde, trugen viele Musiker diese große Brillen und ein Barett wie Dizzy Gillespie. Das war eine Art Uniform für die Bebop-Periode. Dieses sind Dinge, mit denen sich eine Gruppe von anderen abhebt, und die auch ein Zeichen für Solidarität in einem bestimmten Moment sein können, doch ich denke nicht, dass so etwas große Wichtigkeit besitzt. Nehmen wir meinen Freund Thelonious Monk: Thelonious Monk trug diese chinesischen Hüte. Meiner Meinung nach sollte damit eher eine bestimmte Verbundenheit aller Menschen ausgedrückt werden, als etwas besonders Exzentrisches darzustellen, wie es häufig in der Presse und in Filmen benutzt wird. Wenn heutzutage ein Musiker etwas Besonderes tragen möchte, ist das jedoch okay – es geht eigentlich niemanden etwas an, außer ihn selbst.

Als Sie den Gitarristen Jim Hall in Ihre Band holten, warf man Ihnen Rassismus vor, weil Sie einen Weißen beschäftigten. Wie erinnern Sie diese Zeit?

Ja, da gab es Probleme. Es gab Leute, die dagegen ankämpften und es für schlecht befanden. Für mich war es zu jener Zeit – also um 1960 – eine positive Entwicklung, da es einen Versuch darstellte, Solidarität zu zeigen. Außerdem war ich ja nicht der erste, der so was tat; Charlie Parker hatte auch weiße Musiker in seiner Band, genauso wie andere Leute aus der Bebop-Ära. Dizzy Gillespie hatte in seiner Band Al Haig am Piano, so war es für mich eigentlich nichts Besonderes, und es sollte auch nicht viel Aufhebens darum gemacht werden. Ich kann mir jedoch vorstellen, warum es gerade in schwarzen Kreisen soviel Unmut erregte; schließlich war ich derjenige, der die „Freedom Suite" geschrieben hatte, da muss ihnen eine solche Handlung wie ein Betrug vorgekommen sein. Ich denke, das war es, was die ganze Kritik an dieser Entwicklung ausgelöst hat. Ja, dafür habe ich wirklich Kritik geerntet.

Was bedeutet Ihnen Erfolg?

Es ist für mich völlig ohne Bedeutung, ob ich erfolgreich bin oder nicht.

Sie verlangen bis zu 70.000 Dollar für ein Konzert – das rechnet sich für viele Veranstalter nur mit Sponsoren. Warum sind Sie so teuer?

Ich bin ein bescheidener, unkäuflicher Mensch. Ich bin weder Millionär, noch versuche ich, einer zu werden. Der Preis mag sehr hoch sein, aber dafür kann man mich doch nicht verantwortlich machen. Für diesen ökonomischen Aspekt dürften die Politiker die besseren Ansprechpartner sein: Sie sind es, die die Preise hoch oder niedrig halten.

Sie bestimmen selbst über Ihr Output?

Die Leute kommen andauernd mit irgendwelchen Angeboten oder Engagements an, die unter meiner Würde sind und die ich dann ablehne. Daher sind viele der Meinung, ich sei zu smart.

Ich lebe ein sehr bescheidenes Leben und bin nicht darauf aus, das große Geld zu machen, deswegen muss ich den Clubbesitzern, den Labelbossen und den Medien nicht hinterher rennen. Meinetwegen können sie zur Hölle fahren! Dafür kann ich aber tun, was ich will.

Was liegt denn unter der Würde von Sonny Rollins?

Wenn mir jemand einen Vertrag andrehen will, in dem festgelegt ist, dass ich mit Musikern spielen soll, die meinen Erwartungen nicht standhalten können, dann sage ich einfach Nein.

Ich bin mit Leuten wie Miles Davis, John Coltrane und Thelonious Monk groß geworden. Ich sehe nicht ein, weshalb ich mich für ein Festival buchen lassen sollte, bei dem Musiker wie Michael Brecker als große Stars angekündigt werden, Wayne Shorter und ich aber nur die zweite Reihe stellen. Das hat rein politische Gründe.

Sie meinen Rassismus?

Rassismus ist überall. Rassismus ist ein Problem gesellschaftlicher Natur. Im Musikbusiness wird lediglich die Gesellschaft reflektiert.

Benny Goodman war der King of Swing, und er war weiß.

Genau, das ist es. Musikbusiness und Sozialpolitik, diese Kombination. Ihr Schwarzen seid Untertan.

Die gesellschaftliche Integration der afroamerikanischen Community ist in den letzten Jahren praktisch zu einem konservativen Wert geworden. Entweder sieht man die Sache als erledigt an, oder, wie die „neuen" Segregationisten, als gescheitert.

Nur weil eine Idee vielleicht noch nicht so weit ist, akzeptiert zu werden, heißt das nicht, dass sie nicht gut ist. Das ist das gleiche Phänomen wie bei der Demokratie. Die Idee damals in der Community war gut, aber es bestanden keine guten Aussichten auf Erfolg, denn den Leuten aus den Communities wurde der Zugang zu der „besseren Welt" verwehrt. Die Ghettos wurden zerstört, und die meisten blieben ohne irgendetwas zurück.

Ihre CD „Global Warming" knüpfte an die Taktik des sozialen Kommentars an, den Sie 1958 mit Ihrer „Freedom Suite" in den Jazz einführten.

Jazz steht für mich in der Tradition der Protestmusik. „Global Warming" spiegelt meinen Bezug zur bevorstehenden Umweltkatastrophe wieder, der die Welt entgegenblickt. Diese CD war wie die „Freedom Suite" vor vierzig Jahren mein Beitrag dazu, dass Jazz zu mehr taugt, als die Backgroundmusik für eine Cocktailparty zu sein.

Für meine CD „This Is What I Do" habe ich den Titel „Salvador" komponiert. Salvador ist die Hauptstadt Bahias, jener Region Brasiliens, wo viele Sklaven einst lebten und die afrikanische Tradition bis heute bewahrt wurde. In den USA ist aus der kulturellen Erfahrung der ehemaligen Sklaven der Jazz entstanden, in Bahia kann man heute noch spüren, was dem vorausging.

Die Rhythmen?

Die Rhythmen spielen eine Hauptrolle in diesem Stück, wie in unserer Musik überhaupt.

Was würden Sie als die Hauptzutaten des Jazz bezeichnen?

Das wichtigste Element im Jazz ist die spontane Kreation von Sounds. Auch bei geschriebener Musik gilt: Setz dich an dein Instrument und spiel es. Die „kreative Improvisation“ ist es, auf die es ankommt, und das wird vermutlich auch so bleiben.

Wie wichtig ist die visuelle Bühnenpräsenz für Sie?

Ich habe immer darauf geachtet, dass meine Band das Publikum respektiert – das heißt, nicht in zerrissenen T-Shirts oder abgewetzten Schuhen aufzutreten. Auch ein solcher Auftritt könnte ein Statement sein, aber das ist nicht mein Stil. Ich arbeite bis heute daran, einen Sound und ein Konzept zu finden, um alle Momente des Protestes, die man vielleicht auch visuell oder durch Sprache artikulieren könnte, allein durch die Musik auszudrücken. Würde das gelingen, wäre die Wirkung wohl subtiler und nachhaltiger.

Noch einmal: Glauben Sie, dass Musik die Gesellschaft verändern kann?

Sie hat auf jeden Fall mein Leben verändert. Und das gilt wahrscheinlich auch für einige andere. Ich weiß nicht, was ich wirklich von Platten wie „Global Warming“ und „Freedom Suite“ erwarte, vielleicht ist es einfach nur meine Art, mich auszudrücken. Ich nutzte die Chance, die mir als Künstler gegeben ist: mich zu äußern und vielleicht sogar Gehör zu finden. Manch einer denkt vielleicht: Warum halten die sich nicht aus sozialen Fragen raus und befassen sich stattdessen lieber ausschließlich mit der Musik? So etwas höre ich andauernd - die Leute wollen nicht, dass man seinen Horizont dahingehend erweitert. Wir sollen nur schön unsere Instrumente spielen und das tun, was man von Musikern erwartet.

Welche Rolle spielen die Medien in diesem Kontext?

Es ist heutzutage sehr schwierig, dass Botschaften die Medien erreichen. Die Medien werden von den gleichen Leuten dominiert, die verantwortlich für die Probleme in unserer Welt sind. Wir bekommen also nichts aus den Medien heraus. Demnach liegt es an jedem selbst, Verantwortung für sich zu übernehmen und sich um seine Informationen zu kümmern.

INTERVIEW MIT WAYNE SHORTER

Der Saxofonist Wayne Shorter, Jahrgang 1933, gehört zu den prägenden Musikern und einflussreichsten Komponisten des modernen Jazz. Er wuchs in New Jersey auf, Ende der Fünfziger Jahre spielte er bei Art Blakey's Jazz Messengers, dann im legendären Miles Davis Quintett der Sechziger Jahre. Anfang der Siebziger Jahre war er Mitbegründer von Weather Report. Anfang dieses Jahrzehnts wurde er für sein sensationelles Comeback mit „Footprints live!“ und „Alegria“ mehrfach als bester Jazzmusiker ausgezeichnet.

Was ist aus der Jazzcommunity geworden?

Alle, die einst von diesem Ding, das Jazz genannt wird, wie von einem Blitz getroffen wurden, bleiben der Community verbunden. Und das betrifft nicht nur uns Alte, sondern zum gewissen Teil auch die Musiker, die jetzt erst die Szene betreten. Ich wundere mich allerdings darüber, dass junge Musiker immer noch daran interessiert sind, die ollen Kamellen immer und immer wieder zu spielen.

Sie meinen den Jazz der Fünfziger und Sechziger Jahre?

Ja, ich habe das Gefühl, dass diese jungen Musiker weniger durch den musikalischen, als durch den verbalen Dialog davon überzeugt oder dazu gedrängt wurden, diese alten Stücke zu spielen. Es scheint sich hier eine merkwürdige Übereinstimmung darüber zu festigen, was der reine Jazz sei, und wie sein

Erbe zu verwalten ist. Der Stil von Charlie Parker und dessen Entwicklung bis in die Endsiebziger, die Formen des altgewordenen, modernen Jazz, das rhythmische und melodische Material – wenn man all das heute perfektioniert, heißt das eben noch lange nicht, dass man irgendetwas von dem weiß, was Charlie, Bud und Monk damals inspirierte. Und das ist dann das Kartenhaus, das immer wieder in sich zusammenfallen muss. Das Wissen um die Geschichte des Handwerks reicht nicht als Sprungschanze zur Entdeckung von Neuland. Das ist der Irrglaube im jungen, alten Jazz von heute.

Sie meinen, das funktioniert so nicht?

Zumindest nicht aus meiner Erfahrung heraus, und auch nicht aus der jener bedeutenden Musiker, mit denen ich mein Leben auf den Bühnen verbracht habe. Es gibt dieses Buch, in dem Charlie Parker aus der Sicht seiner ersten Ehefrau, Rebecca, beschrieben wird, jener Frau, die er aus der High-School kannte. Und darin wird ziemlich gut dargestellt, was Charlie tat, als Swing noch angesagt war. Er war etwa fünfzehn Jahre alt, als er zu spielen begann, und die einzige Beziehung, die sein Spiel mit dem Swing jener Zeit hatte, war, dass es gar keine gab. Das, was mich an den Beobachtungen von Rebecca Parker wirklich tief berührt hat, war ihre Beschreibung, wie Charlie übte. Sie wohnten wohl damals in einem kleinen zweistöckigen Haus, das Schlafzimmer oben, die Küche unten. Und Rebecca erzählt, dass Charlie nachts in der Küche übte „wie ein Besessener". Hey, und das war's. Natürlich können Musikologen dieses und jenes an Einflüssen bei Charlie analysieren. Aber das wichtigste an seinem Beispiel scheint mir zu sein, dass er sich nicht so sehr aus einer stilistischen Tradition herausentwickelte, sondern dass er einfach auftauchte. Aus eben jener Küche, in der er zuvor wie ein Wilder so lang gewütet hatte, bis sein Menü fertig war. Und er hatte Lester Young gesehen und bewunderte Art Tatum. Aber wenn man das Auftauchen der Bebopper nimmt, dann ging es ihnen nicht darum, die Musik zu definieren. Sondern was davon bis heute für mich blieb, ist ihr Spirit, etwas ganz neues zu versuchen. Der Spirit einer musikalischen Revolution. Dieser Spirit ist das Erbe, um das es in unserer Musik geht.

Aber wie kommt es zu so einer Revolution?

Ich denke ja auch nicht, dass ein solcher Breakthrough von heute auf morgen kommt. Das geht viel subtiler. Wie man an der Entwicklung der Computerbranche ja exemplarisch sieht. Diese technologische Revolution war ja nun alles andere als ein plötzlicher Einbruch in die normalen Lebenswelten. Die Leute wollten doch erst gar nicht wahrhaben, was da vor sich ging. Sie sprachen von Spielzeug und wundersamem, aber überflüssigem Klimbim. Bis ihnen auf einmal der Boden unter den Füßen weggezogen wurde. Als hätte eine heiße Lavawelle die Büro- und Wohnstuben durchspült. Heute ist Internet eine Selbstverständlichkeit. Aber dieser Breakthough, der nicht einer um seiner selbst willen ist, sondern einer, der eine grundlegende Veränderung menschlicher Verhältnisse annonciert, zeigt, dass die Zeit für eine Veränderung langsam reift.

Die Irritation mit der Reinheit gibt es ja am ehesten bei religiösen Prozeduren. Wenn man sich etwa die unterschiedlichen Taufrituale anschaut oder die Formalien wie Kleidung, Hierarchie, Auslegungen etc. Während die Essenz doch der innere Drang nach mehr Menschlichkeit sein sollte. Der Mut zum Abenteuer, zum Breakthrough ist hier angesiedelt. Die Essenz des Jazz ist für mich der Spirit, der sich nicht kategorisieren läßt. Der Spirit zum Breakthrough. Bette Davis hat sich früher immer darüber aufgeregt, dass ihre Umkleidekabine nicht mal genügend Platz hätte, um ein Schwein hineinzustellen. Und kurz bevor sie starb, rief sie noch dazu auf, Hollywood von der Anwaltsmafia zu befreien, die diesen Laden ihrer Meinung nach fest im Griff hatte. Bette Davis hat großen Einfluss nicht nur auf das Denken und Handeln der Film-Ladies gehabt. Wenn ich also sage, Jazz heißt „Keine Kategorien!", dann meine ich damit alle Menschen, die den Mut aufbringen, aus dem tradierten Umfeld von Gewohnheiten und Bequemlichkeiten und schnellem Lohn, den gerade das kommerzielle Leben bereithält, auszubrechen und Neuland zu betreten. Wer ausbricht, hat den Spirit des Jazz. Anders gesagt: Jazz heißt, seine Chance wahrzunehmen. Ich habe das Gefühl, dass ich jedes Mal, wenn ich eine Note schreibe, meine Chance wahrnehme.

Was denken Sie darüber, wenn die Neotraditionalisten Miles Davis und damit auch Sie seit „Bitches Brew" aus dem Jazz verbannen?

Das ist eine Illusion und eine grundlegend falsche Herangehensweise. Ich habe zu viele Musiker kennen gelernt, die ihr Leben für falsche Ideen geopfert haben. Es ist ein bewusst herbeigeredetes Missverständnis, von Akustik zu reden, um damit den sogenannten elektrischen Jazz auszugrenzen. Jeder Sound hat mit seiner Umgebung zu tun, und dieses Verhältnis ist Akustik.

Es gibt leider eine Fülle bewusster Halbinformationen, mit denen die Leute gefüttert werden, die der heutigen Jazz-Mafia folgen. Die Armee der Jazz-Mafia ist nicht nur auf einem Auge blind, das nenne ich eine blinde Gefolgschaft. Das merkt man vor allem dann, wenn man ihre Prediger hört, wie sie ihre limitierte Jazzdefinition mit politischer Rhetorik garnieren, um zu kaschieren, dass ihre Söldner nicht in der Lage sind, die ökonomische Ungleichheit zu überwinden.

Amiri Baraka wuchs ja nicht nur in derselben Stadt wie Sie auf, er war es auch, der Sie 1959 auf dem Jazzmedienmarkt bekannt machte. In den Mittsechzigern zählte er Sie mit zu den Musikern, die den Sound des afroamerikanischen Fortschritts repräsentieren. Von Ihnen hingegen weiß man bis heute kaum, wie Sie die politischen Veränderungen in den Sechzigern reflektieren.

Ich habe mich immer dem Gedanken wirklicher Veränderung zugezogen gefühlt. Dieser Gedanke nach Veränderung zielt auf die Vereinigung der Menschen, nicht auf Separation und Segregation. Um diese Vereinigung zu erreichen, muss jedoch jeder selbst erst mal die Grundlage dafür bei sich selbst suchen. Er muss selbst aktiv werden, damit sich das auf größerer Ebene entwickeln kann. Aber gerade wenn ich an all diese Bewegungspolitiker denke, alle jene, die damals „Bitches Brew" niedermachten, die Avantgarde oder die Beatles, dann weiß ich doch, dass Musik zunächst einmal ganz neutral ist, egal, woher die jeweiligen Einflüsse in ihr kommen mögen. Die Reaktion auf Musik ist hingegen sehr streitbar. Allein die Tatsache, dass Menschen eine Nationalhymne singen und danach in den Krieg ziehen, zerstört in meinen Augen jeden Gedanken daran, dass Musik die böse, wilde Bestie besiegen könnte. Musik kann Krieg nicht verhindern. Es ist allein die menschliche Bedingung, Voraussetzung, das Wesen hinter der Musik sozusagen, das zählt. Über Musik kann ich nur sprechen, wenn ich sie in Beziehung zum Leben setze. Sie wissen, was ich meine: „Ich spiele Musik, weil ich sie liebe, und Musik ist mein Leben." Nein! Mein Leben ist mein Leben, und wenn Musik mein Leben wäre, hätte ich keine Kontrolle über mein Leben. Ich wäre eine Puppe. Was passiert aber, wenn die Marionettenfäden durchtrennt sind? Ich trinke mich zu Tode, weil ich nicht mehr spielen kann. So sieht es dann aus. Und ich habe das erlebt.

Aber ich habe die Regeln gelernt. Je größer die Verantwortung ist, die man übernimmt, desto größer ist, ironischerweise auch, die persönliche Freiheit. Regeln und Parameter sollten dazu taugen, eine Taschenlampe im Niemandsland zu sein. Nicht jedoch zum Auslöser dafür werden, sich in blinde Gefolgschaft zu begeben.

Was bedeutet Ihnen Erfolg?

Ökonomischer Erfolg in Form von Geld, das einem ermöglicht, sich davor zu schützen, von den gesellschaftlichen Zwängen verwundet oder geschlagen zu werden, ist eine nicht zu unterschätzende Konstante. Denn es gehört zu den tragischen Legenden des Jazzlebens, dass man arm sein und ständig ums physische Überleben kämpfen muss, um große Kunstwerke gestalten zu können: Musik bei Kerzenschein zu kritzeln, oder auf Tourstopp in einem schäbigen Hotelzimmer oder beim Soundcheck. Das alles ist falsch. Es ist nicht abenteuerlich, nicht romantisch, nicht schön.

Sie meinen, die autonome Kunstwerktheorie funktioniert so nicht?

Zumindest nicht vom Standpunkt des Lebens aus gesehen. Denn es hat zu tun mit alldem, was einem im Leben passiert, und dazu zählt auch die Musik. Die Improvisation im Sechziger Jahre-Jazz hatte sehr wenig mit Zufall zu tun. Improvisation ist wesentlich durch das Wissen um Ursache und Wirkung festgelegt. Eine Improvisation unterscheidet sich im Wesen nicht von einem notierten Werk, weil es der individuelle Ausdruck ein und desselben Menschen bleibt. Wenn ich komponiere und orchestriere, ist das, als würde man das Wachsen einer Pflanze durch ein Zeitlupenraster beobachten. Alle Entscheidungen, die den Wachstumsprozess bewirken, erscheinen dann so, als wären sie vorher bereits getroffen worden. Gleichzeitig werden eben diese Entscheidungen im Prozess des Wachsens erst getroffen. Da kann man vom Blitz getroffen werden, genauso, wie das Schicksal einen Menschen zur Armut verdammt. An diesem Punkt in meinem Leben habe ich nichts mehr zu verlieren. Wenn ich eine Plattenfirma gründen würde, dann würde ich sie „Nothing To Loose Records" nennen.

Mit ihrem Freund, dem Pianisten Herbie Hancock, führen Sie schon seit langem eine Diskussion darüber, wie man die Rolle der Band im Jazz verändern könnte. Ausgangspunkt ist ihre gemeinsame Erfahrung im Miles Davis Quintett der Sechziger Jahre. Im Unterschied zu der klassischen Lone Star- Statistenband, wie sie Sonny Rollins seit Jahren mit auf Tour nimmt, sprechen Sie von einer Band, die solistisch und kollektiv zugleich agiert. Rollins spricht von der Erforschung neuer Sounds und Ausdrucksmöglichkeiten meistens in der Ich-Form, Sie tendieren spätestens seit Ihrer CD „Footprints live!" eher zum kollektiven Wir. Selbst wenn Generationen dazwischen liegen. Wie ist der Stand der Dinge?

Es geht um die Erforschung neuer Ausdrucksmöglichkeiten. Um neue Kompositionsformen, angelehnt an die Kammermusik vielleicht. Im Dixieland und Ragtime ging es um das Zusammenspiel, im modernen Jazz dann um das individuelle Solo. Ich will jetzt nicht zurück zum Dixie, aber das Zusammenspiel scheint mir sehr wichtig zu sein. Ich denke an eine Gruppe von Musikern, in der die einzelnen Mitglieder während des Spiels simultan komponieren und so eine Sensibilität und ein Bewusstsein entwickeln, wie die Musik sich entwickeln kann. Ich spreche nicht vom plumpen Jammen, nicht vom „Lass uns doch mal was zusammen spielen", sondern von der Initiative, die einzelnen Ensemblemitglieder gleichzeitig als Komponisten und Solisten zu fordern. In meiner Band mit John Patitucci, Brian Blade und Danilo Perez spüre ich diese besondere Zusammensetzung, die die Suche nach neuer musikalischer Erfahrung bedingt.

Es gibt formale Unterschiede zwischen der Band von Sonny Rollins und meiner eigenen, die nicht wichtig sind. Der wesentliche Unterschied ist vielleicht, dass wir eher versuchen, wie ein Streichquartett zu spielen, bei dem mehrere verschiedene Sachen gleichzeitig vor sich gehen. Das mag vielleicht auch etwas über die Verhältnisse der Menschen untereinander aussagen. Denn jeder Mensch in einer Band sollte die Fähigkeit haben, für sich selbst zu denken. Es geht darum, dass wir uns kollektiv von den überalterten Bedingungen befreien. Man muss loslassen können.

Gibt es noch ein positives Gefühl, das Sie mit dem Terminus afroamerikanische Community verbinden?

Ja, ich bin stolz auf meine kulturellen Wurzeln, die meinen Weg bestimmt haben. Aber ich weiß auch, dass dieser Stolz nur der Ausgangspunkt dafür ist, zu lernen, aus seinem Leben zu machen. Worte wie Afroamerika oder Jazz sind jedoch auch allzu oft missbraucht worden für Gemeinheiten, die sich die Menschen untereinander zufügen. Das Problem mit diesen Kategorien ist, dass sie wiederum sehr schnell segregative und antagonistische Tendenzen zur Folge haben können, vor allem dann, wenn man sich allzu sehr an sie klammert.

Ich glaube, dass es so etwas wie einen kulturellen DNA-Code gibt. Man kann ihn ignorieren oder sich darauf einlassen. Vielleicht verbirgt sich dahinter ja ein grundlegendes Begehren, immer wieder aufzustehen und weiter zu machen. Nicht im alten Trott, sondern eine Zukunft vor Augen. Man muss die Dinge, die nichts bringen, loslassen können. Bei Weather Report haben wir früher gesagt, „Our Music Is The Folk Music Of The Future“, und das hielt ich immer für einen sehr positiven Slogan. Es geht dabei ja nicht darum, zu behaupten, dass wir besser oder fortschrittlicher sind als andere Musiker, sondern um den Willen, nicht hinterherzuhinken, kein Opfer zu sein.

INTERVIEW MIT BILL DIXON

Dixon produziert Sounds. Die Trompete kann mehr, sagt Dixon, es habe sich nur noch nicht durchgesetzt. Ihr sei es egal, was man mit ihr anstellt. Nur ein Stück Metall. Die Schreibmaschine kümmere es auch nicht, ob auf ihr religiöse Gedichte, erotische Romane oder politische Pamphlete getippt werden. Wie seiner Zeit Miles Davis hat Dixon seinen Namen als Trademark schützen lassen, das ließ er sich viertausend Dollar kosten, und in seiner Bill Dixon TM Incorporated ist er sein eigener Angestellter. Nicht das er nun damit groß Geld gemacht hätte, ihm geht es ums Prinzip. Wer keine Prinzipien habe, so Dixon, wird über den Tisch gezogen. Dixon ist kein Mann für die einfachen Dinge. Er lebt vier Autostunden nördlich von New York in Bennington, wo er knapp drei Jahrzehnte lang als College-Musiklehrer tätig war. Mit 70 ging Bill Dixon dann in den Ruhestand. Dixon, Jahrgang 1925, war der Initiator der Oktoberrevolution im New Yorker Jazz. Junge Leute sollten alles darüber wissen, sagt er. Weil damals Erfahrungskontexte angeschoben wurden, die heute gültiger seien denn je.

Was sollten jüngere Leute über die Oktoberrevolution im Jazz wissen?

Das war 1964. Der Grund dafür war die Positionierung des Musikers als Künstler. Es gab kaum Auftrittsorte, und die Kritiker waren auch nicht sehr interessiert an den neuen musikalischen Entwicklungen.

New York war zu der Zeit ja das Headquarter der Maler, Musiker, Kritiker, Tänzer und Literaten. Wer nicht schon in New York lebte, musste dahin ziehen, wenn er etwas von der Energie und Kreativität mitbekommen wollte, die es damals nur dort gab. Als ich in New York lebte, waren George Russell, J. Benson Brooks und La Monte Young auch dort. La Monte Young lebte im selben Haus wie ich und Ornette Coleman und Eric Dolphy kamen vorbei, um uns zu besuchen. Cecil Taylor war in New York. Es gab Zeiten, da probte er ein ganzes Jahr lang, nur um ein einziges Konzert zu geben. Es war eben die Zeit, als wir nur in den Coffee-Shops unsere Musik aufführen konnten. Die Clubs buchten Dizzy, Monk und Rollins und gaben uns bestenfalls mal sonntagnachmittags oder montags einen Gig, wenn ihre Stars frei hatten.

Die Oktoberrevolution war also eine Notwendigkeit. Ich kannte damals einen Mann, der ein Kaffeehaus in der 91. Straße besaß, das Cellar Cafe. Ich war auf der Suche nach einem eigenen Auftrittsort, und wir kamen schließlich darin überein, dass er mich als musikalischen Direktor engagierte, der Konzerte in seinem Laden organisieren sollte. Und diese Konzerte waren von Anfang an ein großer Erfolg. Die Leute, die ich engagierte, kamen aus der Avantgarde-Szene jener Tage. Junge Musiker, die New Music machten. Das Konzept war, dass jeder solange spielen konnte, wie er wollte und dass der Eintritt billig war. Man konnte Kaffee trinken, Donuts essen und sich Musik anhören, die es nirgends sonst gab. Wir wollten einfach Interesse wecken für eine neue Musik, die keiner von den etablierten Clubs unterstützen wollte. Wir waren keine konspirative Untergrundbewegung, die sich gegen dies und jenes organisierte. Während der vier Tage fanden an die 40 Konzerte und Diskussionsrunden zum Thema „New Thing“ statt, und mehr als 700 Leute drängelten sich in dem kleinen Cafe. Der Titel Oktoberrevolution kam von einem befreundeten Regisseur, Peter Sabino. Wir brauchten eine Headline für unsere Werbung in der Village Voice, und er sagte: „Wir haben Oktober, und was ihr da macht, könnte man als eine Art von Revolution gegen den zeitgenössischen Mainstream bezeichnen, warum also nicht einfach Oktoberrevolution?"

Nach den vier Tagen, solange dauerte unsere Revolution, wurde es dann sehr kompliziert. Die Konzerte waren überfüllt gewesen, und alle Clubbesitzer und Kritiker, die uns zuvor abgewiesen hatten, waren gekommen, um zu sehen, was da vor sich geht. Ich hatte zudem sehr darauf geachtet, keinen der Big Names als Lockvogel für unsere Konzerte zu engagieren, weil wir ja zeigen wollten, dass wir selbständig sind. Dennoch kamen auch zahlreiche Musiker, die nicht eingeladen waren.

An einem dieser Abende saßen Cecil Taylor und ich beisammen, und wir überlegten, dass es jetzt an der Zeit sei, eine Organisation von Musikern zu gründen, die ihr Geschick in die eigene Hände nehmen wollen. Normalerweise lief es ja sonst so ab: Der Musiker wartet auf einen Typen, der genug Geld gespart hat, um einen Club zu eröffnen und ihn dann engagiert. Aber der, der das Geld investiert, hat natürlich auch das Recht, die zu mieten, die er mag. Da kann kein Musiker etwas einklagen. Aber jeder kann einen Club eröffnen.

In diesem Umfeld entstand dann die Jazz Composers' Guild, und es fanden unzählige kleine Konzertreihen wie die in der Judson Hall in der 57. Straße und in Edith Stephens Studio über dem Village Vanguard statt. Es war von Anfang an eine sehr problematische Sache, den sehr unterschiedlichen Persönlichkeiten in dieser Gruppe gerecht zu werden. Denn wenn man eine solche Unternehmung initiiert, hat man sofort zwei Gegner: die Gruppe, die die Macht hat und alles beim alten belassen will und jene, der man helfen will, in der aber dann auf einmal jeder vor allem an seine individuellen Bedürfnisse und Interessen denkt. Daran scheiterten wir schließlich. Das Interessante an dieser Erfahrung ist, dass es in Europa ja später funktionierte. Das ist die Geschichte der Free Music Production in Berlin, nichts anderes wollten wir damals mit der Jazz Composers' Guild. Wir wollten die totale Kontrolle über unsere Musik. Wir wollten sie nicht nur kreieren, sondern sie auch besitzen. Die Bedingungen bestimmen, unter denen sie aufgeführt wird. Das lief dann später auch in Amsterdam, England, Skandinavien. Wir waren dazu nicht in der Lage, weil die Musiker ihre Individualität nicht in einen Gruppenzusammenhang integrieren konnten. Das steht bis heute noch aus.

Ein anderer wichtiger Aspekt unserer Revolution war das Timing. Wir waren zur rechten Zeit am rechten Ort mit etwas ganz Neuem. Und man braucht ein neues Produkt für solch ein Vorhaben. It was the right time! Das haben die meisten der beteiligten Musiker aber nicht begriffen. Ihr Gerede davon, nicht den ganzen Weg gehen zu können, ihre jämmerlichen Entschuldigungen, das war aus heutiger Sicht nur lächerlich. Ich verstand jedenfalls, dass ich meine Zeit vertue, dass es nicht klappen würde, und begann zu unterrichten. So konnte ich meine Musik weiterentwickeln und unterstützen.

Wie wichtig waren die politischen Entwicklungen der Sechziger Jahre für die Haltung und Praxis der Oktoberrevolutionäre? Könnte man diese Oktoberrevolution als linke Kulturpolitik bezeichnen?

Ich weiß nicht, wie die europäischen Musiker zu der Zeit dachten. In Amerika war das politische Bewusstsein der Free Jazz-Musiker nicht besonders geschärft. Cecil Taylor und Archie Shepp waren Ausnahmen. Was Sun Ra dachte, habe ich nie recht verstanden. Alan Silva, Burton Greene, Paul und Carla

Bley mögen Demokraten oder Republikaner gewesen sein, ich weiß es nicht. Aber eines ist sicher: Wenn etwas gegen den zeitgenössischen Standard läuft, ist es immer sehr einfach gewesen, die Linke zu beschuldigen oder zu favorisieren. Ich denke jedoch, dass Politik für diese Gruppe zu der Zeit keine große Rolle spielte. Es war eher eine eigennützige Organisationsform für das künstlerische Überleben. Die bedeutenden Jazzmusiker, die uns in diesen Tagen angriffen, waren in den 40er Jahren selbst attackiert worden wegen der neuen Musik, die sie damals machten. Das hatten sie vollkommen vergessen. Und das nenne ich den Zirkelschluss der Bewusstlosigkeit. Denn wir hätten gerade die philosophische Unterstützung gebraucht von den erfolgreichen Musikern, den Big Names, den alten Boppern. Wären sie politisch bewusst gewesen, hätten sie uns sofort adoptiert.

Ich überlege gerade, wie ich damals politisch eingestellt war. Als ich aus der Army kam und wählen durfte, habe ich das getan, was meine Eltern taten. Ich wählte die Demokraten. Wenn man jung ist, ist man sehr idealistisch. Man denkt, dass man die Welt verändern kann und so fort. Als Künstler kann man aber eigentlich nur eine Sache verfolgen: nämlich ein Werk schaffen. Und das allein ist das politische Statement des Künstlers. Jeder kann zu Kundgebungen gehen oder an Demonstrationen teilnehmen. Aber ein Künstler kann mehr tun. Er hat eine Gabe, die er zu entwickeln hat. Das ist seine Aufgabe. Und seine Verantwortung.

Ich weiß nicht, ob Kunst überhaupt die Gefühle der Menschen ändern kann. Ob Kunst überhaupt mehr repräsentieren kann als das, was es ist. Ich weiß, wenn mein Kunstwerk meine politische Sicht zum Ausdruck bringt, dann ist das mein politisches Statement. Aber ich glaube nicht an politische Kunst. Ich habe in meinem Leben auch nur ein einziges Werk komponiert, das ausdrücklich politisch war. Ich habe es geplant und skizziert. Ein zweistündiges Multimedia-Werk mit dem Titel „This Is Our Strategy". Ich nutzte gesprochene Worte, vorbereitete Kassettenaufnahmen, Darsteller, die sich bewegten wie Tänzer und Sounds von einem großen Ensemble. Das war wie ein klassisches Musikstück konzipiert. Und ich habe mich immer wieder gefragt: Ist es überhaupt möglich, ein Musikstück zu notieren, das eine politische Absicht ausdrücken soll? Ich denke heute, dass die Musik dann zwangsläufig journalistisch orientiert wird.

Jazz kam in den Sechziger Jahren aus der Mode, weil dieses Wort suggerierte, dass man minderwertige Musik spielen würde. Kulturell wie sozial. Man sei nicht so gut wie ein klassischer Musiker, hieß es. Man könne nicht die gleichen Gagen und Auftrittsorte beanspruchen, sagte man. Ich war damals eigentlich sehr glücklich, ein Jazzmusiker zu sein. Aber das bedeutete, dass einem der Zugang zu anderen musikalischen Disziplinen verschlossen wurde. Weil Leute darüber entschieden, die keine Ahnung hatten.

Wir haben Charlie Parkers und Dizzy Gillespies Musik nie als politisch bezeichnet. Wir sagten, dass sie eine Revolte war, eine Revolte gegen die Behandlung der Musiker und ihrer Musik. In den sechziger Jahren waren die Musiker zornig. Aber was sie doch eigentlich nur wollten, war, überleben und etwas Anerkennung für ihr Werk. Ich denke, dass sie politisch nicht ernsthaft waren. Es ist einfach, die Hand zum Black-Power-Gruß zu heben.

Welche Bedeutung hatten denn Leute wie Amiri Baraka?

Wenn die Leute, zu denen du sprichst, alle nicken und mit allem einverstanden sind, was du sagst, warum sprichst du dann noch mit ihnen? Es geht um jene, die nicht mir dir übereinstimmen. Das sind die Leute, die immer im Weg stehen werden. Aber in den Sechzigern hat man sich nicht um sie gekümmert. Was tat man? Man diskutierte auf Podien, in Speak Easies und auf der Straße mit Leuten, die eigentlich auf derselben Seite waren. Man übte sich in Rhetorik. Mehr bleibt davon nicht. Baraka hat Archie Shepp und Albert Ayler promoted, er hat die tollen Liner Notes geschrieben und, und, und. Aber wer hat Motown davon überzeugt, Platten von uns zu veröffentlichen?

Ich kann heute gar nicht mehr erinnern, wann ich das letzte Mal vor einem schwarzen Publikum gespielt habe, solange ist das schon her. Oder eine Vorlesung oder ein Workshop in einem schwarzen College. Sie wollen meine Musik nicht hören, aber dennoch bin ich ein schwarzer Künstler.

Wie kam es dazu, dass die Musik sich von den Black People entfernte?

Wenn ich das herausgefunden habe, werde ich versuchen, Worte dafür zu finden. Und ein Buch darüber schreiben.

Die schwarze ebenso wie die weiße Gesellschaft konstruiert ihre je eigenen Modelle, wie ein authentischer schwarzer Künstler zu sein hat. In meiner Musik hören Schwarze zuwenig, was schwarz klingt. Und wenn man schwarze Publikationen liest, wird dort das Image einer Musik favorisiert, wie selbst Baraka sie heute beschreibt. Aber das ist eben nicht das Einzige. Frag Cecil Taylor. Er hat dieselben Probleme damit wie ich. Kunst kann man nicht diktieren, weder die schwarze noch die weiße Gesellschaft.

Wie es zu den unterschiedlichen Richtungen in unserer Musik kam, weiß ich nicht. Wir stammen aus der gleichen Neighborhood, bis dann einige entscheiden, wer noch dazugehört und wer nicht mehr. Die schwarzen Zeitschriften hypen ausschließlich konservative Entertainment-Musik.

Wie sah das nun in meinem Alltag aus? Ich hatte überwiegend weiße Studenten, und das nicht nur, weil das College sehr teuer war. Aber was ist nun die Erwartung an einen schwarzen Künstler, der an einem weißen College unterrichtet? Ich weiß es nicht. Ich weiß nur, dass ich mein Leben gelebt und unterschiedlichste Erfahrungen gemacht habe, und dass mir keiner erzählen kann, das sei weiß und das sei schwarz. Diese Kategorien machen in meinem Leben keinen Sinn.

Aber irgendetwas Positives wird doch auch für Sie zu erinnern sein?

In den Sechzigern waren die Leute heiß, neugierig, aufgeregt. Heute gilt alles als selbstverständlich. Und heute scheint das kollektive Wissen gerade noch bis zum Vortag zu reichen. Das ist der große Unterschied.

Ist Ihre Arbeit zu weiß?

Ich habe Leute gesehen, die aufgaben, weil sie diesen Druck nicht mehr ertrugen. Für die einen ist man zu weiß, für die anderen zu schwarz. Was für ein Irrsinn!

Was ist nun mit der neokonservativen Kultur-Revolution in den 90er Jahren?

Ich kenne Stanley Crouch sehr gut. Und wir haben keinen einzigen Punkt, in dem wir übereinstimmen. Stanley ist sehr intelligent, und er war auch gar kein so schlechter Schlagzeuger. Er hat einen Weg gesucht, und vielleicht sogar gefunden, wo er die Aufmerksamkeit erlangt, die er als Musiker damals nicht bekam. Ich habe ja schon angedeutet, dass ich sehr an das richtige Timing glaube. Das hat Stanley. Er kam zur rechten Zeit mit einem Produkt, nach dem sich die Leute gesehnt haben. Wenn Sie Stanleys Buch „Notes Of A Hanging Judge" lesen, merken Sie, das er längst nicht so angriffslustig ist, wie Harold Cruse es einst war. In seinem Buch „Crisis of the Negro Intellectual" kritisierte Cruse damals alle. Aber seine Attacken waren produktiv. Sie waren wie Spiegel, in die man schaut und erschreckt. Stanleys Anliegen war nicht so ernsthaft. Er ist ein Opportunist. Und er macht den Job des Establishments so gut wie kein anderer dieser Tage. Dafür ist er ja auch ausgezeichnet worden. Ich habe ihm meine Meinung dazu gesagt. Und er respektiert sie, weil er weiß, dass ich kein Labersack bin. Ich muss keinen mehr verarschen.

Stanley schuf Wynton Marsalis. Stanley schuf David Murray, nur dass David nicht so vermarktbar war wie Wynton. Das Meiste, worüber Stanley und Wynton sprechen und schreiben, haben sie jedoch selbst gar nicht erlebt. Wynton sah nie Duke Ellington, und ich bezweifele, dass Stanley es je tat. Albert Murray hat das alles erlebt. Aber er konnte die Musik der Sechziger eh nie leiden. Er mochte auch meine Musik nie. Ich habe Albert nie getroffen, aber er und ich haben eine gemeinsame Freundin. Eines Tages besuchte ich sie, und sie fragte mich, was ich denn Albert Murray getan hätte, dass er so schlecht auf mich zu sprechen sei. Ich weiß es bis heute nicht.

Wenn man sein Buch „The Hero and The Blues", liest kann man sich nur wundern, wie nahe er dieser Musik mit Worten kommen kann. Unglaublich. Aber Murray ist eben auch ein guter Freund von Stanley, seinem Mentor. Und das sind eben solche Wege, die nicht erklärbar sind. Alles in allem ist das, was Stanley heute promoted, sehr kurzsichtig gedacht. Denn was wird in einigen Jahren davon noch haltbar sein? Man kann auf jeden Fall nicht ewig damit fortfahren, Tradition und Geschichte neu zu erfinden. Das ist endlich. Und was kommt danach?

Im vergangenen Jahrzehnt sind zahlreiche junge Musiker Crouch und Marsalis und dem, was sie Tradition nennen, gefolgt. Aber in wenigen Jahren werden sie sie verdammen. Weil ihre Propaganda ihnen den Blick und Zugang versperrt hat zu all der Musik, die sie negierten.

Wie sehen Sie die Situation junger Avantgarde-Musiker?

Das kommt auf den Blickpunkt an. Denn eigentlich bezeichnet ein Musiker seine Musik nicht als Avantgarde. Das kommt eher von außen. Vor einigen Jahren wurde ich in eine Debatte um Avantgarde-Rock verwickelt. Und ich fragte, was damit anderes gemeint sein soll, als dass es sich dabei um Rockmusik handelt, die sich nicht verkaufen lässt. Aber lass uns ernst bleiben. Wenn wir von Avantgarde sprechen, meinen wir doch einen Künstler, der entweder kein Talent hat oder dessen Arbeit einfach nicht anerkannt wird, aber der trotzdem weitermacht. Die Europäer haben eher einen Sinn dafür, zu akzeptieren, dass es Kunst gibt, die keiner versteht oder die zum Zeitpunkt ihres Entstehens einfach keiner haben will. In Amerika ist es so: Je offensiver einer wird, desto schneller gilt er als Avantgarde. Das ist sehr fragwürdig. In Amerika werden alle bedeutenden, wichtigen Dinge trivialisiert bis sie egal sind. Und nichts mehr erkennbar ist, was noch irgendeinen Gehalt hat. Oder können Sie mir erklären, was ein Performance-Künstler sein soll?

Ich habe Archie Shepp gefragt, was er über die Sechziger denkt. Er sagte, dass es Ihnen nicht um Geld ging, sondern um Erfahrung, ums Leben, wenn man so will. Doch was blieb nach Coltranes Tod von diesem Gefühl, von dieser Art zu denken, zu fühlen und zu handeln?

Ein Job wie jeder andere. Eine neue Platte. Eine weitere Tour.

Die Sechziger sind passé. Mit Wynton Marsalis kam die Erwartung vieler junger Musiker, dass man mit Jazz wieder richtig Geld verdienen könne.

Wenn mich ein junger Musiker fragt, wie man von der Musik seinen Lebensunterhalt bestreiten kann, antworte ich ihm: Wenn du das fragen musst, lass es lieber.

Ein Künstler weiß am besten selbst, ob sein Leben noch Sinn macht, wenn er nicht das tut, was er kann. Und wovon er eigentlich überzeugt ist, dass er es tun sollte. Es gibt keine Versicherungen für das Werk eines Künstlers. Und deshalb find ich Archies Rat an junge Musiker, heute soviele Dollar wie möglich zu machen, den schlechtesten, den er geben konnte. Und ich möchte weitergehen: Kann einer, der solche Ratschläge gibt, je selbst ein Künstler gewesen sein? Hat er uns verarscht? Oder meint er mit passé, dass er einfach nur vergaß, wie toll diese Jahre des Raufens waren, in denen wir versuchten, etwas Neues zu schaffen? Die wichtigsten Dinge in meinem Leben passierten, als ich nichts hatte. Und damals hatte keiner von uns irgendwelche Rücklagen oder Zukunftsaussichten. Wir hatten die gleiche Basis. Alles was wir damals machten, taten wir, weil wir es wollten. Und wir taten es!

Ich bin heute kein reicher Mann. Aber ich habe einige Sicherheiten. Ich habe eine gewisse Reputation, ich bin etwas intelligenter und ein besserer Musiker geworden. Aber ich vergesse jene Zeit nicht. Weil sie viel interessanter war. Man wusste einfach nicht, was kommen wird. Ich habe nicht mehr mit so vielen Leuten aus dieser Zeit zu tun, weil sie so wie Archie reden. Das Tragische daran ist doch, dass eigentlich keiner Geld verdient hat, das der Rede wert wäre. Also wovon reden wir eigentlich? Und Archie war der letzte, der es für Geld tat. Er war brillant. Er schrieb wunderbare Theaterstücke. Er war wie ein Bruder. Wir haben sehr viel Zeit zusammenverbracht. Er war intelligent, lustig und sehr kommunikativ. Ein Musiker muss nicht dumm sein. Deshalb wurden Archie, Cecil und ich auch gute Freunde.

Kann es sein, dass Archie Sie entweder verarscht hat oder einfach nicht zugeben wollte, dass er sich in bestimmten Dingen nicht treu blieb? Heute ist er ein kompetenter Musiker. Aber das ganze Standardgedudel ist doch vor allem Kunstfertigkeit. Ich mochte Archies Spiel, als er noch nicht soviel wusste. Er könnte ein brillanter Musiker sein.

Wie bedeutend ist die Rassenproblematik in der Musik?

Wir leben in einer Gesellschaft, in der diese Problematik eine große Rolle spielt. Im philharmonischen Orchester New Yorks hätte ich auch heute noch keine Chance, einen Job zu bekommen. Vorausgesetzt, ich hätte das Talent dazu. In unserer Musik hingegen, sind wir sehr demokratisch. Jeder, der einen Beitrag dazu leistet, wird dafür anerkannt. Und das sage ich, obwohl ich der Meinung bin, dass bis vor sehr kurzer Zeit alle wesentlichen Neuerungen aus der schwarzen Perspektive kamen.

Heute sehe ich viele unserer Innovatoren eine konservative Drehung machen. Und ich habe in Berlin beobachten können, dass es ambitionierte Neuerungen gibt, die nicht mehr aus einer schwarzen Perspektive kommen. Das heißt, diese Musiker haben das Bedürfnis, kreativ zu sein. Ein Bedürfnis, das nicht lehrbar ist.

Wenn ich mir die improvisierende Szene in Frankreich heute anschaue, kommt zum Rassenaspekt noch der nationalistische hinzu. Zunehmend werden dort französische Musiker gefeatured, deren einziger Verdienst manchmal ist, den richtigen Pass zu besitzen. In den Staaten bekommen schwarze kreative Musiker bis heute keine Arbeit. Das heißt, sie hätten besser auf das hören sollen, was wir vor dreißig Jahren bereits gesagt haben: You gotta create it yourself! Es wird keiner kommen, der ihnen das abnimmt. Ich sehe in diesem Punkt keine wesentliche Veränderung gegenüber der Situation in den sechziger Jahren.

INTERVIEW MIT MAX ROACH

Max Roach, Jahrgang 1924, spielte mit Charlie Parker, Miles Davis, Charles Mingus, Sonny Rollins. Er ist Schlagzeuger, Komponist, Bandleader. Und galt lange als einer der profiliertesten Wortführer des politisch motivierten Jazz. Im September 1960 nahmen die Sängerin Abbey Lincoln und Max Roach „We Insist! Max Roach's Freedom Now Suite" auf. Einen Monat vor den Aufnahmen hatte Elijah Muhammad, der damalige Führer der Black Muslims, zur Gründung eines schwarzamerikanischen Staates aufgerufen, eine bis heute aktuelle Forderung der schwarznationalistischen Bewegung. Der Tenorsaxofonist Coleman Hawkins spielt ein stolzes Solo im eröffnenden „Driva Man", afrikanische, afrokubanische und afroamerikanische Rhythmen stehen im Mittelpunkt von „Triptych". Das sozialkritische Engagement des Paares Roach-Lincoln sollte den beiden jedoch auch jede Menge Schwierigkeiten bereiten. Die amerikanische Plattenindustrie wandte sich von ihnen ab, und weiße Jazzkritiker warfen ihnen schwarzen Rassismus vor.

Sie begreifen sich als politischer Künstler. Wie reflektieren Sie Ihr Engagement für die Verbindung von schwarzer Politik und Kultur?

Wir sind ja nicht die einzige Gruppe Farbiger in Amerika, die vom gesellschaftlichen Leben ausgeschlossen war und ist. Auch nach der Sklaverei waren wir nicht eingeladen teilzunehmen. Man sieht das gut auf einem Foto von Charlie Parker, Dizzy Gillespie und mir, das uns zeigt, wie wir für schwarze Soldaten spielen – während des 2. Weltkrieges in einem segregierten U. S. O. -Club. Integration wurde zu einem aufwendigen und kostspieligen Unternehmen. Man baute neue separate Kasernen für schwarze Soldaten. Und ich muss leider sagen, dass sich das bis heute nicht wesentlich verändert hat. Martin Luther King wurde ermordet, John F. Kennedy wurde ermordet, und Amerika ist immer wieder schnell zum Business-as-usual übergegangen.

Abbey Lincoln und Ihnen wurde Anfang der 60er Jahre schwarzer Rassismus vorgeworfen. Dazu gab es damals „Anhörungen", die in der Zeitschrift Down Beat ausführlich dokumentiert wurden. Ist „Jazz und Rassismus" noch ein Thema?

Durchaus. Ich bin ein Kind der Sklaverei. Wenn Sie mit mir über Rassismus sprechen, muss ich sagen, dass das ein sehr schmerzhaftes Thema ist. Bevor ich irgendetwas bin in dieser Welt, verstehe ich mich als Mensch. Und ich will die Rechte haben, die einem Menschen zustehen. Das kommt vor meinem Beruf und der Frage, wie ich meinen Lebensunterhalt bestreite. Ich möchte nicht erleben, dass ich, wenn ich um die nächste Ecke gehe, keine Wohnung mieten kann, weil ich die falsche Hautfarbe habe. Das ist aber nach wie vor New Yorker Realität.

Affirmative Action hat sich als Bluff entpuppt. Der Rassismus existiert im heutigen Amerika, und ich muss hinzufügen, es ist schlimmer heute als in den 20er und 30er Jahren. Uns ging es besser zu Zeiten der Segregation.

Was soll da besser gewesen sein?

Segregation bedeutet, dass wir selbständig waren. Wir hatten damals unsere eigenen Schulen, Theater, Einkaufsläden. Mit der Integration verschwand das alles. Sie schickten uns in weiße Schulen, die schwarzen Lehrer wurden arbeitslos, alle Jobs gingen an die weißen. Wir finden in den Büchereien kaum

Bücher über Black Culture. Das ist die heutige Situation. Wenn ich also an die Segregation zurückdenke, muss ich feststellen, dass es für Schwarze damals besser war. Wir hatten unsere eigenen Wissenschaftler, wir studierten unsere Geschichte, lasen unsere Gedichte und Prosa. Und unsere Musik, die man in der ganzen Welt hört, ist unter Segregationsbedingungen entstanden. Bessie Smith, Louis Armstrong, Charlie Parker – ihr Werk ist in jener Zeit entstanden. Mit der Integration wurde dieser Kultur die Basis entzogen. Wir haben seitdem keinen W.E.B. DuBois mehr erlebt. Schwarze kritisieren mich für das, was ich jetzt sage. Weil sie denken, es hätte sich doch wenigstens dies und das getan. Aber was sich wirklich getan hat, ist, dass wir kein Teil des amerikanischen Systems geworden sind. Im Gegenteil! Wir haben keine schwarzen Schulen mehr, keine schwarzen Unternehmer, die in schwarzen Bezirken ihre Läden haben. Diese Bezirke ähneln heute nur noch riesigen Schutthalden. Es gibt keine Cotton Clubs, keine Harlems, keine Minton's mehr. Es hat keine Einrichtungen mehr, wo wir uns unserer Kultur vergewissern können, wo wir unsere Künstler ausbilden können. Das gab es zur Zeit der Segregation.

Was ich betonen möchte, ist, dass die Vereinigten Staaten und besonders wir, die farbigen Leute, zur segregationistischen Lebensweise zurückkehren sollten. Man braucht nicht auf's College gehen, um Unternehmer zu werden. Nichts von der Musik und Kultur, die aus der Black Community kommt und in die ganze Welt verkauft wird, ist von Schwarzen kontrolliert, wirklich gar nichts. Wir könnten uns im kulturellen Bereich gegenseitig unterstützen, doch jedes Mal, wenn du dich an Amerika wendest und Namen wie Count Basie und Louis Armstrong nennst, ist immer schon jemand anders da, nur keiner von uns. So war es jedoch während der Segregation: wir hatten W. C. Handy, der ein Büro besaß und seine eigene Musik veröffentlichte. Es war die Integration, die das zunichte machte. Daher bin ich gegen Integration.

Ich sollte eine Chance haben, wenn ich einen Lebensmittelladen oder eine Fleischerei innerhalb der Black Community eröffnen möchte, diesen zu besitzen und zu leiten. Warum sollte ich nicht derjenige sein, der diese Dinge selbst macht? Die Integration machte all dieses zunichte. Mein Vater war Tischler. Als die Integration kam, fand er keinen Job, weil er nicht in die Gewerkschaft eintreten konnte.

Ihr Freund, der afroamerikanische Poet und Kulturkritiker Amiri Baraka, sagt, dass Wynton Marsalis sich um die Bewahrung der schwarzen Musikkultur bemüht. Geht es heute also um kulturelle Bestandssicherung?

Es gibt Leute, die das, was Louis Armstrong gemacht hat, bewahren, und es gibt Leute, die ständig nach vorn drängen und dabei kreativ bleiben. Es ist heute leicht, sich hinzusetzen und wie Louis Armstrong zu tun, man riskiert damit nichts. Aber wenn du wie ein Miles Davis oder ein Cecil Taylor oder ein Charlie Parker bist, erschließt du dir Neuland, und dort findest du auch, wie Kunst sich weiterentwickelt. Zu den Leuten, die alles konservieren: Wenn man ins Konservatorium geht und sich mit Bach beschäftigt – so großartig Bach ist und soviel er auch beigesteuert hat –, bringt man die Kunst nicht voran. Zu den Leuten, die die Kunst voranbringen, gehört eher Bartók im klassischen Bereich.

Baraka hat einen klaren Standpunkt. Ich höre mir jedoch auch alles an, was wir haben, aber bewerte es unterschiedlich. Hip Hop sehe ich als Manifestation der soziopolitischen Situation einer Gruppe von jungen Leuten im heutigen Amerika. Sie drücken ihren Standpunkt bezüglich ihrer Unzufriedenheit und des Rassismus, der in diesem Land existiert, aus.

Wenn man sich in New York, in anderen großen Städten oder auch im Süden umsieht, wird einem klar, womit sich diese jungen Leute auseinandersetzen: Sie sind mit Familienstrukturen konfrontiert, die vielen von ihnen keine Perspektiven bieten.

Aber ich will Ihnen eines sagen, Sir: Egal, was passiert, der menschliche Verstand und das menschliche Wesen werden diesen Unsinn überdauern; wir in Amerika werden es überleben, das manifestiert sich für mich in meinen Michael Jordans, meinen Michael Jacksons, meinen Miles Davis', meinen Charlie Parkers, Langston Hughes, Amiri Barakas, Toni Morrisons. Ich weiß, dass da etwas passiert. Die einzige Kultur, die in Amerika Sinn macht, ist die, die von schwarzen Leuten kommt.

Wenn die Politik versagt, stumpfen dann nicht auch die vermeintlichen Kampfmittel? Sehen Sie Louis Farrakhan mit seiner Nation of Islam tatsächlich als richtungsweisenden Leader?

Kultur und Politik sollten ein und dasselbe sein. Farrakhan sieht die Black Community so, wie sie ist. Er sagt, dass wir Business brauchen, unsere eigenen Colleges, ein Unternehmertum, Bibliotheken, und jeder ist dort willkommen. So wie es mir möglich ist, in die New York Library zu gehen und über Kandinsky oder Alban Berg zu lesen. Wir wollen, dass die Leute kommen und sich Jelly Roll Morton, Louis Armstrong und Charlie Parker wirklich anschauen und dabei etwas über unsere Kultur lernen. Und hier predigt Farrakhan, dass wir dazu in der Lage sein sollten, von dem „Genius" in unseren Communities zu profitieren. Genau dies ist es, was Farrakhan sagt: Wenn ich eine kleine Farm habe und Erdnüsse anbaue, warum kann ich sie dann nicht auch selbst verkaufen?

Und was ist Ihre Antwort auf die Frage?

In Amerika gibt es Millionen von Farbigen, die gewaltsam psychisch deformiert wurden. Wir haben keine Vergangenheit!

Fragst du Thelonious Monk: „Monk, woher kommst du?" – er sieht aus wie ein Afrikaner – aber antwortet: „Ich komme aus North Carolina in den USA". Welche Sprache sprichst du? „Hm, ich spreche bad English".

Millionen von Leuten in den Vereinigten Staaten sind so übergangen worden, das bezeichne ich als gewaltsame Deformation der Massen-Psyche: Wir wissen nicht, woher wir kommen, wir können keine Fremdsprache sprechen. Wir sind ein neuer Appendix der menschlichen Rasse, nicht physisch, aber psychisch. Eine neue Hervorbringung, Leute, die plötzlich auf der Erdoberfläche erschienen sind. Unser gesamtes Leben ist anders.

Das einzige, was wir besitzen, ist die von uns hervorgebrachte Kultur. Uns war nicht erlaubt, bei anderen teilzunehmen. Wir durften keine Schulen und Konservatorien besuchen, also mussten wir unser eigenes Konservatorium gründen, das wir das „Konservatorium der Straße" nennen. Minton's Playhouse, Bars, Straßenecken, das waren die Orte, wo wir gelernt haben. Ebenso in schwarzen Theatern, wo wir Duke Ellingtons Musik hörten und Aufnahmen mit nach Hause nahmen, um sie zu analysieren. Auch davon lernten wir.

Sie sagen, dass die Qualität der Black Music sich durch kollektive Kreativität auszeichnet. Wieso das?

Die musikalische Kreativität Europas ist „imperialistisch", während Jazz „demokratisch" ist. Als Charles Mingus und ich eine Aufnahme mit Duke Ellington machten, „Money Jungle", gab er uns nur einen Entwurf und somit die Möglichkeit, etwas Eigenes zum Stück beizusteuern. Als Dizzy Gillespie mich anrief und sagte: „Max, ich möchte, dass du mit Charlie Parker, Bud Powell, Charlie Mingus und mir spielst", wurde von uns allen erwartet, wir selbst zu sein und zum Thema Material hinzuzufügen. Das verstehe ich unter einem Kollektiv. Es steht nicht alles schon geschrieben, man kommt nicht nur zusammen, um bereits Fixiertes zu proben – wir kommen einfach rein und spielen!

INTERVIEW MIT ORNETTE COLEMAN

Mit seiner Platte „Free Jazz" (1960) bahnte er der Kollektivimprovisation im Jazz neue Wege. Sein Harmolodic-Konzept zielt darauf, in der Art und Weise des musikalischen Ausdrucks keinerlei Beschränkungen mehr unterworfen zu sein. Seine Message: Remove The Caste System From Sound. Seine Musik klingt manchmal so, als würden zwei verschiedene Platten gleichzeitig laufen: „Als Hendrix „The Star-Spangled Banner" spielte, klang das für mich so, als wären da zehn Musiker am Werk. Ich dachte mir, mit unserer Prime-Time-Instrumentierung könnten wir vielleicht sogar wie ein kleines Kammerorchester klingen."
Der musikalische Autodidakt und Revolutionär Ornette Coleman, Jahrgang 1930, wuchs in totaler Armut und einem extrem rassistischen Spannungsfeld in Fort Worth, Texas, auf. Ende der fünfziger Jahre trötete er mit einem Plastiksaxofon und unverschämten Sounds Publikum und Mainstream-Musiker aus den Jazz-Clubs von Los Angeles. Kurz darauf begann die halbjährige Coleman-Revolution seines legendären Quartetts im New Yorker Jazz Club „Five Spot". Der Mann trug schon lange Haare und Bart, Jahre bevor Dreadlocks zur schwarzen Mode wurden. Er komponierte Streichquartette, Holzbläserquintette, für Ballet und Symphonieorchester, ohne dafür diplomiert zu sein. Anfang der Siebziger reiste er nach Afrika, um dort mit lokalen Musikern sein Harmolodic-Konzept zu erweitern. In den Achtzigern nahm er mit Pat Metheny „Song X" und mit Jerry Garcia „Virgin Beauty" auf.

1994 erhielt er den hochdotierten Genius Grant der MacArthur Foundation. 2003 gab er mit seinem mit zwei Bassisten und einem Schlagzeuger besetzten Quartett ein Konzert in der New Yorker Carnegie Hall.

Sie begannen Ihre musikalische Karriere häufig nicht nur gegen den Widerstand des Publikums sondern auch Ihrer Mitmusiker. In lausigen Absturzspelunken in der Gegend um Fort Worth in Texas, wo Ende der 40er Jahre meist Rhythm and Blues gespielt wurde. Die Probleme, mit denen Sie damals konfrontiert waren, haben Sie in dem Satz zusammengefasst: „Wer Tenorsaxofon in der Öffentlichkeit spielt, lebt gefährlich." Der Saxofonist Dewey Redman erzählte mir, dass Sie sich vor einigen Jahren mal in Fort Worth zu einer High School Reunion getroffen haben. Wie war diese Rückkehr für Sie?

Ja, das war sehr nett. Das war damals die einzige schwarze High School in der Gegend von Fort Worth. Alle Schwarzen, die im Umkreis von 30 Meilen wohnten und zur High School wollten, mussten dorthin. Ich glaube, dass die Desegregation dort erst gegen Mitte der Sechziger kam. Das ist also noch nicht so lange her.

Wie verträgt sich dieses Community-Gefühl mit der Tatsache, dass es eng mit den Bedingungen der Segregation verknüpft bleibt. Dewey sagte, er vermisse die Community nicht, weil er die Segregation nicht vermisse. Wie ist das für Sie?

Ich habe in diesem Kontext nie daran gedacht, dass ich etwas vermisse. Meine Erinnerung an diese Zeit ist eher voll von Dingen, die mich eingeschränkt haben. Und wenn man an die Grenzen seiner Community stößt, sobald man mit Dingen experimentieren möchte, die außerhalb dieser Community liegen, dann vermisst man diese Freiheit, das zu tun. Es sei denn, man weiß, dass das, was man sucht, auch außerhalb der Community nicht existiert. Das ist aber kein Problem der Segregation an sich, es ist eher eines der Realisierung von Dingen, an denen man interessiert ist. Wen trifft der Vorwurf, Dinge nicht getan zu haben, wenn man die Möglichkeit, sich daran zu beweisen, nie hatte?

Sie wissen nicht, was es heißt, unter den gesellschaftlichen Bedingungen aufzuwachsen, über die wir hier sprechen. Also versuche ich hier, über meine ganz persönlichen Eindrücke zu sprechen. Ich kann nicht für andere sprechen. Diese kollektive Erfahrung gibt es meiner Meinung nach auch nicht. Auch wenn Dewey Redman und ich in der gleichen Stadt und unter Segregationsbedingungen aufwuchsen, weiß ich, dass wir ganz unterschiedliche Erfahrungen gemacht und Denkweisen entwickelt haben. Er ist zudem nicht in einer so verarmten Neighborhood aufgewachsen wie ich. Aber das, was wir damals erlebt haben, gehört ja heute der Vergangenheit an. Ich weiß nicht, ob die Bedingungen der Menschen sich verändert haben, die Regeln sind heute jedenfalls andere.

Gibt es eine Spur, eine Verbindung, von der gesellschaftlichen Realität, in der Sie aufwuchsen, zu Ihrer musikalischen Entwicklung?

Sie fragen, ob das Spannungsfeld Armut und Rassismus, in dem ich aufwuchs, meine Musik beeinflusst hat? Nein, ich denke nicht. Als Musiker hat man ja Möglichkeiten, die viele andere Menschen nicht haben. Man spielt den einen Abend nur für Weiße, den anderen für Mischlinge und den nächsten nur für Schwarze. Man wird beschäftigt, um die Menschen zu unterhalten. Nicht in erster Linie, um etwas zu tun, was einem Spaß bringt. Das betrifft die Musiker, die für die englische Königin spielen, ebenso. Wenn sie am nächsten Tag im Flugzeug sitzen, wissen Sie, dass die Begegnung sich kaum wiederholen wird. Weiße wie schwarze Musiker werden dafür bezahlt, die Leute zu unterhalten. Das sind Realitäten dieses Berufes, die gar nichts mit der Segregation zu tun haben.

Meine musikalischen Interessen waren schon immer sehr breit gestreut. In Fort Worth gab es früher ein Hotel, in dem alle Musiker, die auf dem Weg von New York oder Chicago nach Kalifornien waren, Zwischenstopp machten. Leute wie Lester Young und Dizzy Gillespie spielten dort und erweiterten unseren Horizont. Ich möchte nicht sagen, dass die Segregation unsere Musik beeinflusst hat, sondern dass gerade unsere Musik den Leuten bewusst gemacht hat, wie überaltert das Segregationssystem doch war.

Wie hat Ihre Musik zur Überwindung der Segregation beigetragen?

Das war so ein Gedanke. Sie ist anti-segregationistisch, das ist ihr Wesen. Und ich denke, dass man das spürt, wenn man sie hört. Was ich aber eigentlich meinte, ist, dass diese Sichtweise der Dinge mich früher nicht interessierte und heute auch nicht. Es mag für Euch hier interessant sein, einen Schwarzen nach seiner Lebensgeschichte zu fragen, das mag für Euch gar unterhalterische Qualitäten haben, in meinen Augen ist es leicht stumpfsinnig und langweilig.

Entgegen Ihrer Sechziger-Devise, nicht mehr den Background zu spielen, hat Black Music doch vor allem das Entertainment-Syndrom behalten. Da ist das Visuelle vom Akustischen sicher nicht zu trennen. Also frage ich nach Ihren Erfahrungen, sich der Negerrolle zu entziehen.

Nur weil man in der gleichen kulturellen Sphäre aufgewachsen ist, heißt das überhaupt nicht, dass man über den gleichen Erfahrungshorizont verfügt. Und das hat wiederum nichts mit schwarz oder weiß zu tun. Mir fällt dazu ein Film über ein weißes Liebespaar ein. Nun fordert die Frau ständig von ihrem Lover, seine Liebe zu beweisen. Doch der Preis dafür ist, dass sie zunächst einen anderen täuscht. Das ist in etwa der Rahmen, in dem wir sprechen. Hier ist einer, der weiß, dass der andere eingeschränkt ist, und der Preis dafür zusammenzukommen, ist, dass der Eingeschränkte zunächst seine eigenen Leute minderwertiger macht, als sie sind. Das steckt hinter dem Deal, Blacks hip zu finden.

„Local Instinct" heißt eine Ihrer Kompositionen. Sie erwähnten in diesem Kontext ein Buch, das von Kids in Harlem handelt, die Analphabeten sind, aber Computer reparieren können.

Damit wollte ich auf die Umwelteinflüsse ansprechen, die das Verhalten der Menschen maßgeblich prägen. „Local Instincts" sind sozial geprägte Qualitäten, die unabhängig jeglicher Rassenkategorien auf der ganzen Welt anzutreffen sind. Ich bin nicht in der Lage über Dinge zu sprechen, die eine Rasse repräsentieren. Meine Story repräsentiert nicht die schwarze Rasse. Es gibt schlimmere Geschichten als die meine. Aber das ist das Problem, das hinter der Wahrnehmung von Black People steckt: nach außen sind sie nur im Stück zu haben. Das ist die Fehlkonstruktion.

Sonny Rollins bekam Anfang der Sechziger Probleme mit anderen schwarzen Musikern, weil er den weißen Gitarristen Jim Hall in seine Band holte. Hatten Sie jemals ähnliche Probleme, weil Sie mit weißen Musikern zusammenarbeiteten?

Ich habe bis heute Weiße in meiner Band. Weil ich meine Musiker ausschließlich nach Kriterien auswähle, die mit der Aufführung meiner Musik zu tun haben. Aber ich möchte an dieser Stelle etwas sagen, das mir sehr wahr erscheint: der

Grund, warum unsere Musik so segregiert ist, hat mehr mit Besitzverhältnissen denn mit Rasse zu tun. Ich habe viele weiße Bluesmusiker erlebt, die unter ähnlichen sozialen Bedingungen die Windeln vollgepisst haben wie schwarze Bluesmusiker. Sie könnten sogar von der gleichen Mutter abstammen. Bei Jazzmusikern mag das alles etwas intellektueller sein. Darüber habe ich so noch nicht nachgedacht. Aber die meisten Probleme, mit denen Musiker konfrontiert sind, haben nichts mit Rasse zu tun, sondern mit Geld- und Besitzverhältnissen. Wenn Sie an Musik denken, die weiß genannt wird, fällt Ihnen doch bestimmt die sogenannte europäische Klassik ein. Aber Beethoven war schwarz, nicht wahr?

Warum Beethoven?

Wenn Sie meinen, dass ein musikalisches Konzept existiert, das weiß heißt, dann stimme ich nicht mit Ihnen überein. Musik existierte bereits, bevor man wusste, was Farben sind. Aber die Weißen grenzten jeden aus, der nicht das spielte, woran Sie glaubten, an die Musik also, die sie weiß nennen. Und seitdem ist alles durcheinander geraten. Ich spreche nicht von weiß und schwarz, sondern von der Philosophie des Lebens. 1932 hatte ein englischer Zirkus ein schwarzes Ehepaar in seinem Ensemble, deren gemeinsame Kinder blonde Haare und blaue Augen hatten. Waren die Kinder jetzt weiß? Wenn wir also über Menschlichkeit sprechen, ist das eine Sache, sprechen wir jedoch über die Einschränkung von Qualitäten, ist das etwas ganz anderes. Wir sprechen über eine musikalische Form, die in einem bestimmten Teil der Welt gespielt wird. Wenn wir Kategorien wie weiß gebrauchen, dann grenzen wir jene aus, die nicht das Glück hatten, in einem bestimmten Territorium geboren worden zu sein. Die europäische Kultur hat die Vorstellung davon geprägt, wie dieser Planet designt ist. Das heißt jedoch nicht, dass das europäische Territorium die einzige Quelle menschlicher Qualität ist. Lediglich der Maßstab für diese Qualität ist von der europäischen Kultur vorgegeben. Intelligenz hat jedoch keine Farbe und keine rassischen Merkmale. Es ist jedoch sehr schwer zu würdigen, dass einer mehr weiß als du, wenn sich sein Handeln dennoch nicht von deinem unterscheidet. Je mehr sich nun andererseits die Wertmaßstäbe angleichen, desto weniger Kreativität scheint es zu geben. In diesem Prozess befinden wir uns gerade. Das ist tragisch. Entertainment scheint mir heute die einzige Kraft zu sein, die über rassische Kategorien hinaus wirkt. Das ist soziologisch gesehen ein sehr wichtiges Thema.

Ihre musikalische Revolution in den 50er und 60er Jahren ging einher mit einschneidenden politischen Entwicklungen. Kritiker wie Amiri Baraka haben sie einst als Avantgarde und musikalisches Sprachrohr von Black Power bezeichnet. Wie reflektieren Sie diese Politisierung der Kunst heute?

Ich möchte darauf ganz ehrlich antworten. Als ich in den 50er Jahren nach L.A. kam, traf ich auf zwei weiße Jungs, die Kommunisten waren und Musiker. Sie sagten mir, dass ich das, was ich vorhatte, nur mit ihnen machen könnte. Sie wollten mich agitieren. Und sie wollten mir zeigen, dass sie mich als Mensch respektieren und dass ich in ihrer Umgebung frei wäre, meine Musik zu spielen. Doch dann kam die russische Invasion in Ungarn. Und auf einmal war alles anders. Sie sprachen nie wieder so wie vorher. Und als sie mich eines Abends darauf spielen hörten, merkten sie, dass ich doch nicht das spielte, was sie dachten, dass ich spielen würde. Ich spielte so wie zuvor, aber sie dachten auf einmal anders darüber. Und sie sagten dann, dass sie nicht mehr mit mir spielen könnten, und wir trennten uns. Für mich blieb davon als Erfahrung, dass man vorsichtig sein muss, sein Talent mit offenen Armen in eine Umgebung einzubringen, wo es eigentlich nur darum geht, dein Talent für andere Interessen nutzbar zu machen oder zu kopieren. Das, was ich als Freundschaft und Offenherzigkeit missverstand, war für sie letztlich nur politisches Business gewesen. Seitdem halte ich mich von solchen Zusammenhängen fern. Das betrifft Schwarze genauso. Lediglich die Kirche bildet unter diesen Organisationszusammenhängen eine Ausnahme – denn was immer man auch tut, es wird nicht die Kirche ändern. Wenn der letzte Arsch mit der Tochter des Priesters schläft, braucht er lediglich um Vergebung zu bitten. Für sein Fehlverhalten wird man da nicht gleich erschossen. Das ist in der Politik anders.

Ich bin aufgewachsen mit der Vorstellung, dass Besitz und weiß Synonyme sind. Heute weiß ich, dass Besitz nichts mit weiß oder schwarz, sondern ausschließlich mit Macht zu tun hat.

Heute sehe ich das Problem, dass die Verfügbarkeit notwendiger Bedingungen nur für wenige Menschen möglich ist. Das führt zu neuen Restriktionen. Ich bin jedenfalls mehr interessiert an menschlichen Qualitäten, die nonterritorial existent sind. An nicht restringierten Wertvorstellungen und an Sensationen, die unabhängig von der jeweiligen Hautfarbe der Akteure sind.

Sie sind dafür bekannt, dem Musik-Business sehr kritisch gegenüberzustehen. Kommerziellen Erfolg hat Ihnen das bis heute jedoch kaum eingebracht. Haben Sie diesbezüglich unter den Folgen des Free-Jazz-Black-Power-Images gelitten?

Das Wort leiden mag hier etwas irreführend sein. Es trifft in diesem Kontext zu, wenn wir darunter ein Leiden verstehen, das einem absichtlich zugefügt wird, von anderen, die wollen, dass man leidet. Ich habe diesen Umstand in mein Handeln immer mit einzubeziehen versucht. Ich gehe bis heute davon aus, dass es immer einen gibt, der den Gott spielen will, der letzte Entscheidungen trifft. Der einzige Weg, sich davor zu schützen, wahnsinnig, gewalttätig oder rassistisch zu werden, ist meiner Meinung nach, zu akzeptieren, dass die jeweiligen Territorien dieser Möchtegern-Götter nicht von ewiger Dauer sein werden. Ich habe mich deshalb immer bemüht, meinem Sohn Denardo so wenig wie möglich im Weg zu stehen. Desto freier kann er sein Leben entwickeln. Die Tatsache der Verwandtschaftsbeziehungen erlaubt mir nicht, ihn in einem unsichtbaren Käfig an mich zu ketten.

Der Initiator der Oktoberrevolution im New Yorker Jazz Mitte der Sechziger Jahre, Bill Dixon, sagt, dass die etablierten Bebopper es damals versäumt hätten, das New Thing zu promoten. Sie hatten einst immerhin Percy Heath und den Leiter des Modern Jazz Quartetts, John Lewis, als Fürsprecher. Wie passte das zu Ihrer Musik?

Diese Verbindung hatte wenig mit meiner Musik zu tun. Sie war eher von ökonomischen Dingen inspiriert, scheint mir. Ja, eine merkwürdige Verbindung, nicht wahr? Ich habe gelernt, dass man als jungfräulicher Mensch von anderen ermutigt wird, zu lernen, dass man sich also nicht als schwachsinnig behandeln lassen muss, nur weil man noch jungfräulich ist. Das ist die Schule des Lebens, die viele heute nicht mehr kennen lernen. Ihre Natur und Psyche wird vergewaltigt, und für jede Misshandlung hält man Spezialisten bereit, die sich einem dann annehmen. Es gibt so viele Psychopathen, denken Sie nur an den weißen Amerikaner, der 35 weiße Kinder ermordet hat, und das einzige, was er später einklagte, waren seine Rechte als Person.

Es ist sehr schwer zu realisieren, wie frei ein Mensch ist, der einer Rasse oder Menschengruppe zugehört, die keine Vorbilder mehr hat. Ich fühle mich dieser Gruppe nicht zugehörig, aber ich muss feststellen, dass ich bis heute immer noch darum kämpfe, mit dem Label, das mir einst zugewiesen wurde, zu leben, und dass mir dieser Kampf die Zeit und Energie nimmt, die ich bräuchte, mein eigenes Selbst zu finden. In diesem Sinne habe ich also gelitten, obwohl das Wort nicht richtig trifft. Es ist eines dieser Worte, das eine Bedeutung beschreibt, aber nicht die Bedingungen.

Wie stehen Sie zur neokonservativen Jazz-Definition, wie sie am New Yorker Lincoln Center praktiziert wird?

Wir haben dort ja auch aufgeführt. Das Problem vorher war, dass ich dort nicht als Schuhputzer auftreten wollte, der ein bisschen Saxofon spielt, und das war es dann. Ich wollte dort mein Gesamt-Werk als Komponist präsentieren, Symphonie, Ballet, Kammermusik, Prime Time und Jazz. Solang ich dort durch die Kategorie Jazz limitiert wurde, war ich nicht interessiert.

Das Jazz-Department am Lincoln Center wurde sehr perfekt auf Wynton Marsalis zugeschnitten. Ich kenne seinen Vater und die Marsalis-Familie seit 40 Jahren, und ich bin mir sicher, dass Wynton dieselbe Musik spielen würde, auch wenn er den Lincoln Center-Job nicht hätte. Dieser Job bedeutet für Wynton sehr viel vor allem aus der Perspektive eines schwarzen Amerikaners. Das heißt nicht nur, das er dadurch in der Lage ist, in einer total weißen Umgebung aufzuführen. Sondern dass er als Mensch eine Position repräsentiert, die sonst nur Weißen vorbehalten war. Und der Kampf der schwarzen Amerikaner geht ja bis heute darum, als gleichberechtigte und gleichwertige Menschen anerkannt zu werden, und zwar von Weißen wie Schwarzen. Ich habe dieses Problem nicht, weil ich denke, dass der Preis, sich zu beschränken, um etwas zu sein, zu hoch ist. Wenn das limitierte Jazz-Image für das Lincoln Center funktioniert, ist das schön. Aber das Lincoln Center ist eben nicht New York, sondern nur ein ganz kleiner Teil der Palette.

Und ich halte natürlich überhaupt nichts von Regeln, die dort eingeführt wurden, wie ein Jazz-Musiker auszusehen und sich zu benehmen hat. Das ist albern. Das ist lediglich eine Kehrseite des Farbenproblems. Wenn man als einziger Weißer unter Schwarzen aufwächst, ist man dann weiß? Ich meine psychologisch gesehen.

INTERVIEW MIT ARCHIE SHEPP

Es war auf dem Höhepunkt der Proteste gegen den Vietnamkrieg, als Archie Shepp, Jahrgang 1937, sein Saxofon zum Maschinengewehr des Vietcong erklärte. So radikal gibt er sich heute nicht mehr. Shepp, der in Paris lebt und viele Jahre auch Professor für Black Studies an der Universität von Massachusetts war, galt in den sechziger Jahren als Wegbereiter des „New Thing in Jazz". Bereits in den siebziger Jahren begann er sich dem Blues zuzuwenden, seine Entwicklung vom Free Play der sechziger Jahre zum Black-Sound-Ethnologen ist auf knapp 100 Platten dokumentiert. Die CDs „Conversations", „Live in New York" und „Left Alone Revisited" sind jüngeren Datums.

Die Jazzkritik hat Sie lange als „zornigen Faker" beschrieben – ein Fossil aus den Sechzigern mit viel Botschaft und mangelndem Spielvermögen. Wie sind Sie damit fertig geworden?

Nun, Ähnliches sagten sie ja anfangs auch über meinen Freund John Coltrane und über Charlie Parker. Ich denke, ich bin da in guter Gesellschaft. Ich möchte jedoch auch daran erinnern, dass ich ein schwarzer Mann bin und Black Music spiele, ich glaube nicht, dass meine Musik von Weißen beurteilt werden kann, wirklich nicht! Ich komme aus dem Süden, in dem Jahr, in dem ich geboren wurde, ist in meiner Stadt ein Mann gelyncht worden. Ich erinnere mich gut an alles, was meinen Leuten angetan wurde. So sehe ich auch nicht einfach darüber hinweg, wenn ein Jazzkritiker sagt: „Oh, er kann nicht spielen", denn in 99 Prozent von allen Fällen ist dieser Kritiker ein Weißer. Warum ist es meist ein Weißer? Aus dem gleichen Grund, aus dem ich Platten aufnehme für weiße Plattenproduzenten; die ganze Industrie ist von Weißen kontrolliert. In dieser Hinsicht bin ich ein Opfer – alles, was diese Leute über mich sagen, empfinde ich als fragwürdig.

Hat man sich von Ihnen abgewandt, als Sie in den Siebziger Jahren die Balladen- und Bluestradition wiederentdeckten?

Als ich Free Jazz spielte, freute das viele Kritiker. Aber das ist eine Musik, die so gut wie nie von Schwarzen gehört wurde. Als ich mich dann stärker an meine Leute richtete, ging das Gemecker los, mein Publikum war nämlich vollkommen weiß. Hinzu kommt, dass ich schon immer eine deutliche Message an Afroamerikaner hatte und bis heute habe, sie jedoch nie erreichte. Mein Text richtet sich vehement gegen die Ausbeutung des schwarzen Amerika durch das bourgeoise Establishment, und durch meinen Saxofonpart habe ich meine Haltung dazu unmissverständlich gemacht – früher akademischer, später mehr von den Wurzeln her. Ich finde es sehr wichtig, dass die Musik swingt.

1960 gaben Sie Ihr Plattendebut bei Cecil Taylor. Was finden Sie heute davon noch wichtig?

Ich begann, als ich sechzehn Jahre alt war, mit einer Rhythm & Blues-Band namens „Jelly Rumpers". Alles was ich spielen konnte war Blues, bis ich Leute wie Lee Morgan und Trane traf. Ich war also ein eher traditioneller Spieler, bevor ich auf Cecil Taylor stieß und in seiner Band spielte. Erst da begann ich eine Art Zielscheibe für einige so genannte Kritiker zu werden.

Es war jedenfalls eine große Herausforderung und eine aufregende Erfahrung, mit Cecil zu spielen. Ich lernte sehr viel, als ich mit ihm arbeitete, ich war ja noch ein junger Mann, gerade Anfang Zwanzig, verheiratet, mit Familie. Ich betrachtete meine Arbeit zu der Zeit als eine Art von persönlicher Evolution. Cecil Taylor öffnete mir viele Türen und ich würde auch sagen, dass er mir eine Dimension jenseits der Noten erschloss, er schuf in mir ein Bewusstsein für die Existenz einer intellektuellen Dimension in der Musik, die hinter der Aufführung steht und dafür, dass Musiker auch politische und soziale Rollen einnehmen können und nicht nur Musiker sein müssen. Ich lernte von Cecil auch viel über das gesamte Soundkonzept, das hinter dem Piano- oder Saxofonspiel steht, und dass nicht jeder Sound gleich klingen muss. Cecil war sehr wichtig für mich, besonders zu jener Zeit, als ich noch jung genug und zu beeindrucken war.

Sie haben einst den Begriff „Black Music" geprägt. Als Synonym für Jazz?

Jeder kann Jazz spielen. Jazz ist wie Kleenex, Marlboro oder Coca Cola – meiner Einschätzung nach eine kommerzielle Idee. Ich rede nicht über Jazz, sondern über afroamerikanische Musik, und innerhalb dieser Musik über einen bestimmten Bereich, nämlich über zeitgenössische afroamerikanische Instrumentalmusik, die neben der Gesangs- und Tanztradition besteht, die wir ja auch haben. Ich rede wirklich über eine ausschließlich schwarze Angelegenheit, Soul und Leidenschaft, diese Werte kommen aus dieser Erfahrung. Die Vergewaltigung unserer Mütter, der Mord an unseren Vätern: wir kamen als Sklaven.

Suchen Sie immer noch nach den Ursprüngen?

Es gibt gewisse unantastbare Dinge in einer Kultur, die von anderen einfach nicht kopiert werden können. Der Blues ist mehr als Musik – er ist eine Lebensweise, deine Art zu kochen, die Art, dein Haar zu tragen, die Art, wie deine Mutter spricht, schau dir Bluesleute wie John Lee Hooker an – sie sahen auch besonders aus. Why should it be so easy to be a nigger? Warum sollte es so einfach sein, ich selbst zu sein? Ich suche heute nach einer stärkeren Identität in der Black Music. Ästhetisch gesehen fühle ich mich jetzt meiner Tradition bedeutend näher, Big Bill Broonzy, Big Joe Williams, Robert Johnson, Memphis Slim, das sind Männer, die mir auch heute noch viel zu sagen haben.

Warum so weit zurückgehen?

Der Blues ist die einzige afroamerikanische Kulturleistung, die sich vollkommen uninformiert – und in dem Sinne unbeeinflusst – von europäischen Bezügen entwickelt hat. Die sogenannte Negro Traditional Music, die alten Spirituals, Ring Shouts und Worksongs, ist die einzige integrative Grundlage des Swing und der schwarzen Instrumentalmusik. Ich singe einen schwarzen Song.

Der Blues repräsentiert ganz wesentlich meine Identität als Afroamerikaner. Meine Aufgabe ist es, den Blues zu spielen und so für die Kontinuität dieser einzigartigen Musik zu sorgen. Der Blues ist die Metapher für die Erfahrung der schwarzen Amerikaner, für ihre Geschichte, ihr unendliches Leiden. Der Blues hat sich direkt aus den Sklavenliedern entwickelt und bildet die Basis für das, was Jazzmusik genannt wird.

Wie halten Sie es mit der Political Correctness? Mal sprechen Sie von „African American“, dann von „Negro“ oder gar „Nigger“.

Ich bin ein Original Thinker, ich entscheide, was für mich politisch korrekt ist, und nicht die Medien oder ein Negro, der festlegt, was für andere Negroes korrekt ist. Ich stelle mich in allen Verkleidungen dar, in die ich gesteckt werde. Ich trage viele Masken.

Sie widmeten früher diverse Kompositionen Malcolm X. Auch Ihre CD „Conversations" hat einen „Brother Malcolm"-Titel. Wie denken Sie über Louis Farrakhan, den Führer der Nation of Islam?

Ich vergleiche Farrakhan nicht mit Malcolm X, es handelt sich da um zwei ganz verschiedene Männer. Minister Farrakhan hat allerdings sein Image weitgehend auf jenem von Malcolm X aufgebaut, Malcolm war also zweifellos sein Mentor. Malcolm war ein großer Original Thinker, allerdings in einer ganz anderen Zeit, in den sechziger Jahren eben.

Das Gedicht über Malcolm wurde in einem bestimmten Kontext geschrieben; ich verfasste es unmittelbar nach der Nachricht von seiner Ermordung. Kurz nach seinem gewaltsamen Tod hatte ich einen Aufnahmetermin, viele von uns waren tief betroffen von Malik Shabaaz` Ermordung. Besonders in den urbanen East Coast Gebieten, wo es eine schwarze Intelligenz, bestehend aus Malern und Schriftstellern, wie Amiri Baraka und Bob Thompson, gab. Sie und viele andere Leute waren eng mit Malcolm verbunden gewesen und stark von ihm beeinflusst. Sogar Leuten wie Count Basie und Duke Ellington gefielen Malcolms Ideen. Leider trennte die Ermordung Malcolms, die bis heute nicht aufgeklärt ist, bei der jedoch Schwarze beteiligt gewesen zu sein schienen, seine Nachfolger und so fand diese politische Bewegung, aus der eine richtig fundierte, ernstzunehmende hätte werden können, ihr Ende.

Was halten Sie von den Versuchen junger Jazzmusiker, alte Swing- oder Bebop-Klassiker zu interpretieren?

Die Identität ist heute wirklich die Hauptfrage. Es gibt einen Ansturm in der afroamerikanischen Musik von eher schlecht getarnten Imitatoren, die viel Aufmerksamkeit bekommen und sich selbst beweihräuchern, so als ob sie originale Musiker wären, obwohl doch jeder weiß, dass es von ihnen keinen einzigen bedeutenden Song gibt. Der Jazz ist die Musik einer weißen Mittelschicht geworden, und für die spielt Wynton Marsalis zauberhaft. Die Musik entfernt sich in diesem Prozess zunehmend von ihren Wurzeln. Insofern schadet Marsalis dieser Musik.

Kann man heute Original und Fälschung noch so klar trennen?

Die Musik begann in Harlem, Detroit, Philadelphia, in den großen Städten, im Süden und oft in den ärmsten Communities. John Coltrane, Charlie Parker, Lester Young, sie kamen aus den schwarzen Ghettos. Heute kommen die meisten Jungs aus der Bourgeoisie, sie haben den Blues in der Universität gelernt. Die afroamerikanische Musik hingegen war immer aktuell und sehr lebendig, das ist ihre Tradition, besonders die improvisierte Musik ist sehr beeinflusst von dem Hier und Jetzt, das Marvin Gaye in „What's Goin' On“ meinte.

Wie bewerten Sie die Rolle von Wynton Marsalis?

Ich würde heute sagen, dass er als Vorzeigeneger für das Lincoln Center eine gute Wahl war, so nach dem Motto „Our Man in Lincoln Center“. Fakt ist dann auch, dass er und seine Verbündeten ganz wesentlich die heutige Jazzkonzertszene in New York kontrollieren. Und ihr Reglement ist fatal. Vor allem weil es dazu geführt hat, dass eine ganze Reihe von sehr erfahrenen, etablierten und bedeutenden New Yorker Musikern in ihrer eigenen Stadt kaum noch zu hören sind.

Lässt sich daran gar nichts ändern?

Die Geschichte sollten wir nicht wiederholen. Klar ist schon lange, dass wir unsere Musik selbst kontrollieren müssen. Das muss aber nach professionellen Richtlinien erfolgen, und wir sollten das dafür nötige Geld auftreiben. Wir müssen ins Big Business, anders kann es nicht klappen. Die ausschließlich aus

Selbstausbeutung sich generierende Szene kann meiner Erfahrung nach nicht kreativ sein, da sie nur damit beschäftigt sein wird, das schlichte Überleben zu organisieren. Aber ich bin mir auch gar nicht so sicher, ob unsere Musik selbst überleben wird. Negro Music braucht seine Basis in der Black Community. Mama Rose, meine Großmutter, schenkte mir mein erstes Saxofon, ein Ratenkauf und gerade noch erschwinglich. In den heutigen schwarzen Ghettos kann sich keiner mehr ein Saxofon leisten. Aber ohne Black Community keine Negro Music. Das ist die soziale Essenz dieser Musik.

Heißt das, der Jazz nähert sich aus sozialen Gründen seinem Ende?

Der Jazz ist tot! Ich würde sagen, dass der Rapper den Jazzmusiker ersetzt hat. Die Entwicklung des Rap korrespondiert mit der großen Armut, die heute in den Ghettos herrscht. Es wird wohl in letzter Zeit gern und viel vom Aufstieg einer schwarzen Mittelschicht gefaselt, das ist reine Augenwischerei. Lange war die Armut und Hilflosigkeit in den schwarzen Communities nicht so groß wie gerade heute. Jazz hat jedenfalls keinerlei Einfluss mehr auf das Leben der afroamerikanischen Kids.

Zählen Sie auf eine Community von Jazz-Musikern?

Ich erzog meine Kinder und brachte sie in guten Colleges und Unis unter, auf Jazz habe ich nie allzuviel gegeben.

Was hat sich in ihrem Leben verändert?

Meine Frau hat sich nach fast vierzigjähriger Ehe von mir scheiden lassen. Das war eine schwere Zeit. Ich habe mir dann eine kleine Wohnung in Paris genommen. Da es für mich als Musiker vorwiegend in Europa Jobs gibt, habe ich da auch mehr zu tun, einfach weil ich erreichbarer bin. Ich bin ja eigentlich ein

Angehöriger der Mittelschicht geworden, der damals aus seiner Community floh, um in eine weiße Neighborhood zu ziehen, damit die Kinder eine bessere Schul- und Ausbildung erhalten. Ich bin mir heute nicht so ganz sicher, ob das so richtig war. Die Erfahrung einer Black Identity war für mich wichtig, vielleicht wäre das für meine Kinder auch so gewesen. Ich war mit Reggie Workman auf derselben High-School. Wir hatten dort Instrumentalunterricht und konnten die Instrumente häufig zum üben mit nach Hause nehmen. Ich erinnere gut, wie Reggie sich über die Wochenenden einen Bass auslieh, um mit Lee Morgan aufzutreten. Heute gibt es das alles nicht mehr, keine Lehrer, keine Instrumente, nur noch Radargeräte, um Waffen aufzuspüren. Vielleicht hätte ich in meiner alten Neighborhood in einer schwarzen Schule unterrichten sollen, meiner Community etwas von dem zurückgeben, was sie mir ermöglichte.

Sie haben mit dem Sänger Leon Thomas zusammen gespielt. Wie erinnern Sie ihn?

Er war einzigartig und authentisch. Das war mein Gefühl vom ersten Moment an, als ich ihn sah. Er fand einen gänzlich neuen Weg, einen Song zu kreieren – seinen eigenen Song – und er verstand es, das Publikum glücklich zu machen mit seiner Musik. Was ich an Thomas bewunderte, war sein Mut. Er hatte das Schockelement, mit dem das Neue sich bahnbricht. Thomas war das genaue Gegenteil zur heutigen Musik, ihrer Kalkulierbarkeit und der Langeweile, die sie produziert.

Soul und Leidenschaft – das sind die Essentials, die man an keiner Uni lernen kann.

Was würden Sie als Hauptbestandteil der afroamerikanischen Musik bezeichnen?

Die Erfahrung der afroamerikanischen Geschichte, die Bewältigung und Überwindung großer Ungerechtigkeit.

Welche Musik inspiriert Sie heute am meisten?

„Sometimes I Feel Like A Motherless Child", einer der stärksten Songs aus unserer Spiritual-Tradition. „God Bless The Child", Billie Holiday, Ellingtons „Come Sunday", Robert Johnsons Blues.

Sie reden also nicht von Jazz, sondern von der afroamerikanischen Community. Welche Funktion hat Musik da?

Sie nahmen uns die Saxofone weg, aber nicht die Musik. Wir fahren damit fort, aus dem Vorhandenen wieder etwas Neues zu erschaffen, während andere Leute fortfahren, Musik von uns zu stehlen. Afroamerikanische Musik und Jazz im besonderen werden ja nicht nur in den Staaten gespielt. Diese Musik ist heute weltweit präsent – bereichert um alle denkbaren lokalen Nuancierungen.

Nicht nur in Deutschland, auch in Japan, auf den Fidschi Inseln, überall. Ich spreche jedoch speziell von Afroamerikanern in den Vereinigten Staaten, wo die schwarze Kultur sich entwickelte und zusammenwuchs und Innovationen hervorbrachte – ich rede von Art Tatum, von Mahalia Jackson und von Public Enemy. Alles unterscheidet sich voneinander, vielleicht weil es sich von den Drums her entwickelt hat.

Wie erinnern Sie den Trompeter Don Cherry?

Don war ein wundervoller Mensch, ein richtiger Humanist. Ich glaube, er wurde von allen geliebt, er war wie ich mit einer Weißen verheiratet und hatte, ebenfalls wie ich, Kinder aus verschiedenen Ehen. Ich lernte viel von Don, als junger Mann war er eine Art Lehrer für mich. Wir gingen verschiedene Wege, doch für mich war er immer irgendwie glaubwürdig. Er konnte Musik einfach so aus dem Nichts machen, sehr überzeugende Musik. Viele Male überraschte mich Don mit dem, was er aus der Musik machte.

In den vergangenen Jahren haben Sie sich zunehmend der Blues-Tradition zugewandt. Hat das was mit der Suche nach Authentizität zu tun?

Wenn man sagt, Weiße können keinen Blues singen, ist das genauso, als wenn man von einer schwarzen Person behaupten würde, sie könne keine deutschen Lieder singen. Sie kann deutsche Lieder singen, genauso wie Weiße Blues singen können, rein formal gesehen. Es geht jedoch weniger um die Form, als um die Qualität. Die Frage also: Wo kommst du her? Von wem stammst du ab? Es ist wie im Zweiten Weltkrieg: Die Holländer hatten ein Wort, ein Schlüsselwort, um deutsche Spione zu entlarven. Es war „Scheveningen", eine kleine Stadt in Holland, von der die Holländer sagen, dass Deutsche den Namen nicht aussprechen können, und sie können es wirklich nicht. Es gibt also gewisse unantastbare Dinge in einer Kultur, die von anderen einfach nicht kopiert werden können. Der Blues gehört dazu, genauso wie meine Erfahrungen. Mich verletzt es, wenn Leute sagen: „Ah, so und so aus irgendeinem fremden Land spielt den Blues wie blabla." Das ist beleidigend, denn der Blues ist mehr als Musik – er ist eine Lebensweise, die Stadt, aus der du kommst und auch die Art, Scheveningen auszusprechen. That's right, baby, all' das macht den Blues aus. Wenn man ein Kind nach Berkley schickt, lernt es dort nichts über Blues, dazu muss man in die Kirche gehen, das Tamburin schlagen hören und sich eben richtige Bluesleute ansehen. Aber darum geht es mir schon. Mit Jazz als solchem habe ich eigentlich nichts zu tun, ich sehe ihn nur im Kontext von afroamerikanischer Musik. Hingegen: Ich suche nach dem Blues. Ich brauche nicht unbedingt Musiker, die Louis Armstrong-Soli Note für Note spielen können, weil ich weiß, dass Louis Armstrong selbst auch nicht allzu gut Noten lesen konnte, sondern Originale spielte.

Sie waren Professor am Black Studies Department der Massachusetts University in Amherst, Massachusetts.

Ich habe allerdings nicht afroamerikanische Musik unterrichtet. Ich hatte eine Vorlesung und ein Seminar für Darstellende Kunst; die Vorlesung war für Studenten aller Art, egal ob sie Musik machen oder nicht, in ihm ging es um die Geschichte der afroamerikanischen Musik in den Vereinigten Staaten. Ich unterteile sie in eine Instrumental-Tradition, die Ihr als Jazz bezeichnet und in eine Vocal-Tradition bzw. Vocal-Dance-Tradition, die Ihr Blues, Funk, Rock'n'Roll oder wie auch immer nennt. Darum ging es in der Vorlesung. Das Seminar wendete sich speziell an Musiker, dafür schrieb ich ein Theaterstück, ein schwarzes Theaterstück, das ich „The Black Musician In The Theatre" genannt habe.

Meine Studenten waren allerdings nicht hauptsächlich schwarz, im Gegenteil, es waren sogar überwiegend Weiße. Aber wieso sollte darin ein Widerspruch bestehen? Wieso eigentlich? Leontyne Price oder Kathleen Battle singen Klassik. Wenn sie lernen können, Puccini zu singen, warum sollen Weiße dann nicht die Noten afroamerikanischer Musik lernen können? Die Frage ist nicht, dass Weiße sich nicht in die Erfahrungen der Negro Music hineinarbeiten könnten, das Problem ist vielmehr, dass das Urheberrecht der Schwarzen nicht anerkannt wird. Wenn Leontyne Price italienische Musik singt, weiß man, dass Puccini Italiener war, doch wenn Benny Goodman meine Musik spielt, klingt es, als könnte sie von überall her sein, und ich habe damit dann nichts mehr zu tun.

Was hat die von Ihnen erwähnte „stärkere Identität" mit der Vocal-Tradition zu tun?

Das eine hat sehr viel mit dem anderen zu tun, denn ich singe einen schwarzen Song. Der Blues entstand aus den Erfahrungen und dem Leiden afroamerikanischer Menschen in den Vereinigten Staaten. Viele meiner Songtexte sind Originale. So wie McCartney und Bowie ihre eigenen Texte schreiben, schreibe ich meinen eigenen Blues. Vielleicht ist mein Blues sogar noch ein wenig authentischer, da er eben dem Leiden der Afroamerikaner entstammt. Ich denke, ich kann behaupten, dass meine Erfahrungen und meine Identität aufs Tiefste mit dem Song, den ich singe, verwurzelt sind.

Was ist aus dem Archie Shepp-Repertoire der Sechziger Jahre geworden?

Nun, ich sang nicht soviel in den Sechzigern, damals interessierte ich mich mehr für Poetry. Inzwischen habe ich begonnen, mehr zu singen und meine Musik mit mehr Worten auszustatten, weil ich denke, dass ich damit ein größeres Publikum erreiche und manchmal auch ein jüngeres. Es ist zwar schön, wenn dir alte Freunde auf die Schulter klopfen und sagen, dass du genauso klingst wie vor fünfzig Jahren, doch so viele Leute bleiben da gar nicht mehr übrig – viele haben sich in der Zwischenzeit Popmusik, New Age-Musik oder anderem zugewandt. Als Künstler bin ich auf der Suche nach einem größeren und breiter orientierten Publikum mit einem guten Geschmack.

Ihre wiederveröffentlichten Aufnahmen für das Impulse! Label in den Sechzigern gelten heute als legendär. Wie denken Sie selbst darüber?

Viele verschiedene Ebenen spielten damals eine Rolle, doch die Plattenfirma hatte eigentlich keinen Anteil daran, das Neue in der afroamerikanischen Musik voranzubringen. Ich bekam meinen Plattenvertrag dank der Gunst John Coltranes, der sich meinetwegen an Bob Thiele wandte. Ich hatte vorher über Monate versucht, Bob telefonisch zu erreichen, wurde jedoch permanent von seiner Sekretärin abgewiesen, die mir immer sagte, dass er aus irgendwelchen Gründen gerade nicht am Platz sei. Eines Abends saß ich mit Coltrane zusammen und bat ihn, Bob Thiele mal auf mich hin anzusprechen, was er dann auch tat. Am folgenden Tag nahm Bob wie durch ein Wunder meinen Anruf entgegen. Danach machte ich dann – ich denke, es war auf Coltranes Anraten hin – meine erste Aufnahme für Impulse, und Bob schien mir überhaupt nicht begeistert, ihn schien die Musik sogar ziemlich 'runterzuziehen. Als er dann jedoch den ersten von mir geschriebenen Song gehört hatte, hellte sich sein Gesicht etwas auf, und nach dem zweiten schien er sich noch besser zu fühlen. Während des dritten Songs ging er zum Telefon, rief Coltrane an und sagte ihm, wie toll er die Musik fände. Er fragte ihn, ob er nicht im Studio vorbeikommen wolle, was John dann auch tat. Bei Impulse blieb ich dann sechs oder sieben Jahre, es war sicher eine der besten Plattenfirmen, bei der ich je gewesen bin, denn sie gaben mir ein Budget zum Arbeiten. Es war eine aufregende Zeit.

Ich würde Coltrane als meinen Mentor bezeichnen, denn er war mehr als ein Lehrer. Es war wertvoll, ihn als Person zu kennen, er war jemand, der sehr viel gab. Von ihm lernte ich, was ich auch von meiner Mutter lernte: Er vertiefte mein Verständnis davon, anderen etwas zu geben.

Warum spielen Sie Ihre Komposition „Mama Rose" auf jedem Ihrer Konzerte?

Ich betrachte Musik wie Theater. Nehmen sie zum Beispiel die Klassiker von Shakespeare. Jedes Jahr sieht man das gleiche Stück, dessen Worte immer die gleichen bleiben, nur die Schauspieler sind andere und die Wirkung kann sich ändern. Ich machte im College meinen Abschluss in Theaterwissenschaft, nicht in Musik, und so gibt es eine tiefgreifende Theaterdimension in meiner Arbeit. Ich sehe „Mama Rose", das übrigens meiner Großmutter und Malcolm X gewidmet ist, als eine sehr thematische Arbeit im Vergleich zu meinen anderen Werken. Ich betrachte meine Arbeiten nicht einfach als Musikstücke, die ich nur eines bestimmten Trends wegen schreibe und dann wieder vergesse. „Mama Rose" ist für mich eine poetische Arbeit, genau wie ein Werk von Robert Burnes oder von einem anderen ernstzunehmenden Dichter. An der Arbeit ändert sich nichts, die Worte bleiben die gleichen. Was ich jedoch faszinierend finde: Da es sich in einem musikalischen Kontext befindet, kann sich das Werk selbst entwickeln, und jeder, der es kennt, weiß, dass es nie zweimal auf die gleiche Weise gespielt werden kann.

Wäre es für Sie denkbar, die Musik Ihrer 60er-Platten „Fire Music" und „On This Night" heute wiederaufzuführen?

Warum nicht? Sicherlich könnte ich es noch mal tun, schließlich war ich es auch, der die erste Version geschrieben hatte. Vielleicht nicht genauso, doch etwas Ähnliches würde mir sicher gelingen. Es geht um improvisierte Musik, und das Grundgefühl sowie das Gedicht kenne ich sehr gut, warum sollte es also nicht möglich sein? Das Problem ist nur, dass Werke wie dieses nach einer gewissen Zeit veraltet sind; das Publikum hörte sie eine bestimmte Zeit, doch heute nicht mehr soviel. Es gibt inzwischen keine größere Hörerschaft mehr dafür, also gibt es keinen Grund, das Werk wiederzubeleben.

Nehmen wir „Fire Music". Was meinen Sie da heute mit „stärkerer Identität", oder eben: was fehlte Ihrer „Fire Music"?

Zu der Zeit, als ich das Stück aufnahm, war die Identität, die sie wahrscheinlich meinen, akademischer, intellektueller, doch die Identität, auf die ich mich in letzter Zeit stärker beziehe, entspringt der Seele, den Wurzeln, der Community, also unseren Leuten, genauer gesagt den Bluesleuten. Sie sind es, mit denen ich mich heute befasse. Ich finde diese bluesorientierte Musik sehr aufrichtig, sie besitzt auch einige europäische Elemente, die sie vielleicht für Europäer interessant macht und auch für Leute in den Vereinigten Staaten – nicht allzu vielen, aber zumindest einigen. Inzwischen suche ich jedoch nicht mehr nach solchen Richtungen in meiner Musik; ich finde, es ist sehr wichtig für die Musik, zu swingen. Damals besaß das für mich nicht unbedingt Priorität.

Zu Ihrer Zeit gab es kaum Jazz-Universitäten.

Zum Glück gab es damals davon noch nicht so viele. Ich glaube, die vielen Schulen zerstören die Musik, sie wird durch sie zu glatt und kalt. Jeder kann heutzutage auf eine Schule gehen und Coltrane-Soli lernen oder sich Coltrane nennen. Oder Clifford Brown-Soli lernen und sich anschließend Clifford Brown nennen. Damals war es jedoch nicht so einfach, du musstest ein Original sein. Ich hörte von Max Roach, dass Lester Young mal zu ihm sagte, dass man, wenn man dazugehören wolle, seinen eigenen Song kreieren müsse. Leute wie Lester Young, Dexter Gordon, Illinois Jacquet, Gillespie, Roy Eldridge und Roy Haynes machen daher einen so großen Eindruck auf mich, weil man, sobald man die Nadel auf den Plattenteller legt, weiß, wer spielt. Und das gilt auch für Archie Shepp, egal ob man meine Musik nun mag oder nicht. Doch sobald man etwas auflegt, weiß man: Das ist Archie! Und darauf bin ich stolz. Denn wenn man sich heute einige Leute anhört – I tell you, brother! - man weiß kaum mehr, wer gerade spielt; es könnte John sein oder Clifford oder jemand, der wie Freddie Hubbard klingt, es aber nicht ist. Die Identität ist heute wirklich die Hauptfrage.

Wie erinnern Sie die Zusammenarbeit mit dem südafrikanischen Pianisten Adbullah Ibrahim, die auf Ihrer „Duet"-CD dokumentiert ist?

Oh, das war sehr interessant, Abdullah und ich arbeiteten da das erste Mal zusammen, wir machten unsere erste gemeinsame Aufnahme. Es war eine große Herausforderung und eine nützliche Erfahrung für mich, denn er ist ein wirklich großer Komponist. Er besitzt die nötige Sensibilität, auf der Stelle ein schönes Stück zu schreiben; er trägt das Stück bereits im Herzen bzw. im Ohr, die Zusammenarbeit mit ihm war eine wirklich aufregende Erfahrung. Und dieses Stück für Mongezi – Mongezi war ein junger Südafrikaner, der mit dem Chris McGregor Ensemble arbeitete und leider sehr jung starb. Ich glaube, es war in London, er starb an den Folgen einer Lungenentzündung, war zu dünn angezogen und hatte sich mit seinem kahlgeschorenen Kopf dem wechselhaften Wetter zu sehr ausgesetzt. Mongezi kam aus Queenstown, ich traf ihn mal kurz, er war ein wirklich netter Mann. Ich schrieb dann dieses Stück für ihn, „Barefoot Boy from Queenstown".

„Down Home New York", das ist der Titelsong Ihrer Soul Note-CD mit Bazzi Gray: Worum geht es bei diesem Titel?

Mit Bazzi Gray, der auf dieser Platte rezitiert, hatte ich vorher schon gearbeitet, er war auf meinem ersten „Attica Blues" Album dabei, das wir in den Siebzigern aufnahmen. Der Song bezieht sich im Grunde auf das urbane Leben aus der Ghetto-Perspektive, Bazzi sagt irgendwo im Stück: „I'm just a farmer outstanding in his field." Obwohl das Leben in der Stadt hart ist, waren wir enorm produktiv, inspiriert durch unsere Umgebung. Viele großartige Leute wie Charlie Parker, Art Tatum, Billie Holiday gingen aus diesem Umfeld in New York City hervor, und dieses Stück ist eine Art Tribut an diese Leute.

Bei Ihrer Impulse!-Session „On This Night" spielten Sie Ellingtons „In A Sentimental Mood". Aber irgendetwas war da doch schief, oder?

Ich spielte in der falschen Tonart, falls Sie das meinen. Wenn ich das heute jedoch wiederhöre, gefällt es mir trotzdem. Aber man macht halt so seine Erfahrungen.

Ihre Generation ist somit die letzte, die diese Musik noch am Leben erhält?

Das sehe ich so. Kein Original in Sicht! John Coltrane veränderte den Sound des Saxofons grundlegend. Charlie Parker, Cannonball Adderley – zeigen sie mir heute den Musiker, der wirklich etwas grundlegend Neues geschaffen hat. James Carter kann Saxofon spielen, aber: alles schon mal dagewesen. Und das langweiligste am heutigen Jazz ist, dass wenn Youngsters wie Miles Davis klingen, das Publikum vor Begeisterung aus dem Sessel kippt und so tut, als hätte noch nie einer zuvor so gespielt. Eine erschreckend langweilige Erkenntnis, oder? Was uns bleibt? Wir haben die Aufgabe, die Tradition zu erforschen und sie in einen aktuellen Kontext zu übersetzen.

INTERVIEW MIT ROSWELL RUDD

Von der Dachterrasse seines Apartments aus kann Roswell Rudd, Jahrgang 1935, den Hudson River sehen und auf das Chelsea Hotel schauen, dessen Dachgarten einem kleinen Dschungel ähnelt. Fünf Taximinuten weiter östlich, im Jazz Standard, dem angesagten New Yorker Jazzclub, nahm das Archie Shepp/Roswell Rudd Quartett die CD „Live in New York“ auf. Im Sommer 2003 wurde Rudd völlig unerwartet zum besten Jazzposaunisten des Jahres gewählt. Ohne große Unterbrechungen machte Rudd einst seinen Weg vom Dixieland zum Free Jazz. Der Pianist Herbie Nichols, in dessen Band er zwischen 1960 und 1962 spielte, war Rudds Mentor gewesen. Das Repertoire von Rudds School Days Band (1961-1963) mit Steve Lacy und Dennis Charles bestand ausschließlich aus Monk-Stücken, mit Bill Dixon spielte er in jenen Tagen Free Jazz, und 1964 gründete er zusammen mit dem Saxofonisten John Tchicai das New York Art Quartet. In der zweiten Hälfte der Sechziger Jahre machte Rudd Aufnahmen mit Archie Shepp, Cecil Taylor, Charlie Hadens Liberation Music Orchestra und Gato Barbieri. In den Siebziger und Achtziger Jahren holte ihn Steve Lacy gelegentlich noch ins Studio, doch in den Clubs war Rudd kaum mehr zu sehen. Rudd war einer der wenigen Weißen, die in den Sechziger Jahren zur Szene der jungen, politisch motivierten afroamerikanischen Musiker gehörte.

Wie kamen Sie darauf, sich den afroamerikanischen Musikern anzuschließen?

Wir gehören ja derselben Generation an und wir wollten damals etwas anderes machen: improvisieren, swingen und den Blues spielen. Das Zusammenspielen gab uns Stärke. Wir waren Teil einer Bewegung, und das Gefühl ist immer noch da. Wir wollten den gesellschaftlichen Traum verwirklichen, wir hatten eine Vision von der Gesellschaft und der Musik. Ich glaube an Freiheit und Demokratie. Und tue alles, diese Inhalte zu unterstützen. Ich glaube an Amerika, dass die Menschen dieses Landes imstande sind, revolutionäre Dinge zu vollbringen. Wenn ich sehe, dass solche Entwicklungen blockiert werden, ist es Zeit für mich, zu protestieren. Wir haben damals protestiert, damit die Diskriminierung der Schwarzen und anderer Minderheiten aufhört. Und wir haben ja zumindest auf Gesetzesebene einiges erreicht. Und ich bin überzeugt davon, dass es jetzt wieder höchste Zeit ist, auf die Straße zu gehen. Ich hatte gerade die High School beendet, als McCarthy damit begann, kreative Künstler als Kommunisten zu verfolgen. Das ganze Klima war beängstigend, und ich habe mir damals geschworen, dass ich alles tun werde, damit ich so etwas nie wieder erleben muss. Der Irak-Krieg ist nur ein Ausdruck für das konservative Rollback, das diese Gesellschaft erfasst hat. Wie Amiri Baraka sagt: „Wir müssen jetzt auf die Straße gehen, damit wir später tanzen können."

Wie haben Sie es geschafft?

Ich habe nicht das Gefühl, mit den Gesetzen des Marktes umgehen zu können. Erst seit einigen Jahren habe ich eine Managerin, Verna Gillis, der ich maßgeblich meine Rückkehr auf die Szene verdanke. Als sie mich fragte, was ich gerne tun würde, sagte ich, dass ich einige Musiker treffen möchte, mit denen ich schon in den Sechzigern zusammen gespielt habe. John Tchicai, Milford Graves and Reggie Workman waren die ersten, und wir feierten den 35. Geburtstag des New York Art Quartet. Und dann gab es auch noch die großartige Band mit Archie Shepp, mit zwei Posaunisten, wechselnden Bassisten und Schlagzeug, von der heute leider nur noch wenige leben. Wir haben dann Anfang 2001 im Jazz Standard die CD „Live in New York" aufgenommen, wo auch mein alter Freund Amiri Baraka einen Gastauftritt hatte. Es war wie ein neuer Anfang. In den Sechzigern erfanden wir jede nur denkbare Ausrede, damit wir zusammen spielen konnten. Heute ist es schwer, ein Quintett wie dieses zu finanzieren.

Mit welchen Problemen sahen Sie sich konfrontiert?

Wir waren jung und gründeten Familien. Wir hatten ein oder zwei Kinder und große Probleme, unsere Familien zu ernähren. Und ich habe es bis heute nicht gelernt, nur von der Musik zu leben. Dieser ständige Kampf ist zermürbend. Ich musste Sachen machen, über die man nicht gern spricht. Ich habe jeden Job gemacht, um meine Familie durchzubringen. Man muss hier seine Kunst wie ein Paar Schuhe verkaufen können. Wer das nicht schafft oder will, macht einen 8-Stunden-Job und kümmert sich dann um seine Musik.

Mitte der Siebziger Jahre waren Sie Dozent am Bard College.

Das war Teilzeit und ging fünf Jahre lang. Ich unterrichtete World Music, Jazzgeschichte und Improvisation, und das hatte es an diesem eurozentristisch ausgerichteten College vorher nicht gegeben. Einige wurden Musiker, andere Lehrer, Rechtsanwälte und Ärzte. Als Lehrer sollte man die Türen weit öffnen, man weiß nie alles und kann sehr viel von den Studenten lernen. So ist es mir ergangen. Ich bin einer von denen, die immer spielen müssen. Ob es Arbeit gibt oder nicht. Ich begann schon als Kind, weil ich die Musik liebte, und wir stellten dann fest, dass es mir auch beim Atmen half, da ich damals sehr asthmatisch war. Spielen ist meine Therapie – egal, was ich sonst tagsüber gemacht habe, Lastkraftwagen gefahren, im Straßenbau gearbeitet oder Unterricht gegeben – ich habe jeden Tag Posaune gespielt.

Kann Musik die Gesellschaft verändern?

Heute geht es eher darum, Leute zu beobachten und zu kontrollieren. Das nennt man hier Homeland Security. Alle Fingerabdrücke und Kerndaten sind jetzt erfasst, wir sind alle verdächtig. Wir können alle in die Falle tappen. Früher war es mehr Auge in Auge. Der 11. September gab dieser Entwicklung einen gewaltigen Push. Die Verwirrung über die Missinformation der Regierung ist da nur noch lähmend. Kunst hingegen ist eine universelle Sprache. Ich habe jedoch das Gefühl, dass es den Menschen zurzeit überall eher schlecht geht. Kulturelle, ideologische und theologische Grenzen sind Mythen, die ökonomischen Unterschiede hingegen sind sehr real. Als ich mit 15 ein Louis-Armstrong-Konzert hörte, änderte mich das komplett. Mein Körper und mein Verstand atmeten auf einmal anders, ich habe nie wieder einen Künstler erlebt, der es schaffte, das Gefühl zu transportieren, dass alle Menschen Brüder sind.

Worüber unterhalten Sie sich heute mit Archie Shepp?

Wir sprechen über unsere Familien, welche Projekte, die einzelnen vorhaben, und wie sich die Situation in den USA ändern könnte. Ich glaube, dass die Verhältnisse hier nach wie vor einer der Gründe sind, warum Archie in Paris lebt. Aber er berichtet, dass es dort auch nicht so gut läuft.

Seit Mitte der Neunziger Jahre machten Sie wieder eigene Platten, 2000 erschien die CD „Monk's Dream" zusammen mit

Steve Lacy, und ein Schweizer Film-Team begleitete Sie vor einigen Jahren nach Mali, um die Produktion Ihrer CD „Mali Cool“ zu filmen.

Es gibt den Film, aber die Musiker aus Mali konnten nicht in New York auftreten. Das hängt zum einen mit den erschwerten Einreisebedingungen zusammen, zum anderen mit der wirtschaftlichen Situation. „Mali Cool“ ist für mich die Realisierung eines Traumes. Der Sound ist wie Atmen und Hypnose. Wenn ich mit Steve Lacy spiele, ist das ein ganz eigener Trip. Unsere gemeinsame Liebe für Thelonious Monk. Ich hatte immer große Träume. Ich begann in den Sechzigern, Jazzopern zu schreiben, die bis heute weit über dem liegen, was so ein Projekt kosten darf. Wo immer Musiker improvisieren, möchte ich sein.

INTERVIEW MIT SAM RIVERS

Der Saxofonist Sam Rivers, Jahrgang 1923, gilt als der einflussreichste Indie Jazz Organisator der Siebziger Jahre. Sein Rivbea-Studio wurde zum Zentrum der New Yorker Loft-Szene. Es ging um Selbstbestimmung, Selbstorganisation und Subventionierung des Free Thing. „Newsweek“ bezeichnete Rivers damals als „inoffiziellen Bürgermeister“ der Szene.

Die Avantgarde – nur eine Zeitverschwendung?

Wenn man Leuten wie Stanley Crouch zuhört, vielleicht. Mr. Crouch hat jedenfalls seinen Anteil daran, wenn man es so sehen will. Er ist ein guter Freund von mir oder war es zumindest mal. Ich habe ihm ja damals geholfen, als er Mitte der 70er nach New York kam mit Leuten wie David Murray. Damals versuchte Crouch so Schlagzeug zu spielen wie Sunny Murray. Aber er hat dann wohl mehr Glück mit den Traditionalisten gehabt. Vielleicht sind wir Free Musicians einfach etwas zu independent für das, was Mr. Crouch verkraften kann. Free Thinking ist halt nicht jedermanns Sache. Vor allem haben Kritiker ihre Probleme damit, weil sie ja immer bestrebt sind, die Künstler zu kontrollieren. Sie wollen sagen, was wir zu tun haben. Leute wie wir wollen ihr Leben selbst bestimmen, und diese Haltung führt unweigerlich zu Konflikten mit der Kritikergilde. I won´ t deal with you - das ist die Geschichte der Beziehung zwischen Avantgarde und Jazz-Establishment. Alles eine Frage der Kontrolle. Die Traditionalisten gehen mit dem Programm. Kids in schicken Anzügen: Young Oldtimers ...

Sie sind einer der wenigen Musiker, der aus der so genannten Tradition kommt und sich auch im Free Thing auskennt.

Es ist wichtig, dass man um die Tradition weiß. Aber wenn ich heute junge Bebopper höre, kommt es mir immer wie eine Zeitreise vor, 1965, 1964. Freddie Hubbard, Fats Navarro – sie haben doch alles schon viel besser gespielt. Sie haben die Standards gesetzt. Und Tradition heißt nicht, sich darauf auszuruhen. Das ist ein Missverständnis. Ich hingegen denke, dass es auch heute möglich ist, einen eigenen Stil zu kreieren. Giant Steps – das war Coltranes Welt.

Seit Mitte der 70er Jahre fragen wir uns nun schon, was die jungen Musiker heute machen. Wo sind sie denn? Die jungen, die den Mut aufbringen für das nächste Kapitel. Wo? Das fragen wir uns seit 20 Jahren.

Es gibt keine Jobs. Es gibt keine außermusikalische Motivation.

Man erlaubt ihnen nicht zu arbeiten. Ich erinnere mich noch gut an Konzerte mit Dave Holland und Barry Altschul, meinem Trio vor zwanzig Jahren. Jeder Fortschritt in der Musik ging einher mit lautem Buhen und fliegenden Eiern. Die Avantgarde hat schon immer Aufruhr verursacht. Der Akzeptanz geht der Aufruhr voraus. Das war Schönbergs Situation ebenso wie die der kreativen Musiker heute. Das ist im gesamten künstlerischen Bereich so. Fotografen gehen in den Knast für Fotos, die ihnen wichtig sind.

Es gab die Miles Davis- und Art Blakey-Schulen. Betty Carter hat sich immer sehr um junge Musiker bemüht. Warum gibt es aber im Free Thing so wenig Nachwuchs? Haben Sie da was versäumt?

Es gibt tatsächlich nur wenige, die aus unserer Schule kamen. Und die sind auch bereits etabliert. Oliver Lake, David Murray, Arthur Blythe, Anthony Braxton, Art Ensemble of Chicago – wir kamen etwa alle zur gleichen Zeit. Heute haben wir einen Charles Gayle, aber der Mann ist ja auch schon um die 60. Aber die Kids spielen Bebop. Nein, einen haben wir: James Carter. Er ist der einzige jüngere Musiker, der den Free Spirit hat.

Sie waren in den Siebziger Jahren mit Ihrem Rivbea-Studio der „inoffizielle Bürgermeister" der New Yorker Loft-Szene. Warum gaben Sie Rivbea auf?

Es gab keine Notwendigkeit mehr für Rivbea. Die Musiker, die Rivbea einst brauchten, waren mittlerweile etabliert und wurden von den kleinen europäischen Labels produziert. Und auch die Majors wurden etwas nervös, als sie sahen, dass sich bei Rivbea die Musiker selbst produzierten. Und sie boten einigen Verträge an, um sie an sich zu binden und unser Netzwerk zu durchkreuzen. Dabei ging es zwar nur um Peanuts, aber unsere Musiker ließen sich dennoch darauf ein. Und über das Nachwuchsproblem sprachen wir bereits. Also machte ich Rivbea dicht und siedelte nach New Jersey über. Das war auch preiswerter für mich als Downtown Manhattan.

Als Sie Mitte der Sechziger Jahre nach New York kamen, spielten Sie in Bill Dixons Band.

Alle spielten wir damals mit Bill Dixon. Cecil Taylor, Pharoah Sanders, Paul Bley, Carla Bley, Mike Mantler. Die Jazz Composers' Guild – das war eigentlich Bill Dixons Band. Aber es gab nur wenige Musiker mit einer Vision von Comm-Unity. Bill, Cecil und einige wenige andere – wir haben sehr intensiv daran gearbeitet – an der Kontrolle der Musik durch die Musiker. Aber insgesamt fehlte das Bewusstsein und die Bereitschaft, sich zusammenschließen. Letztlich dachten die meisten doch nur an ihre eigene Karriere. Miles Davis meinte, dass ich verrückt sei, als ich mich für die Selbstorganisation der Musiker zu engagieren begann: „Sie werden das nicht zu würdigen wissen und auf dich scheißen, sobald sie es zu was gebracht haben.“ Aber ich bereue das nicht und bin nach wie vor mit sehr vielen Musikern aus dieser Zeit befreundet. Also so negativ, wie Miles es prophezeite, kam es nicht.

Was ist die positive Erfahrung der Loft-Jahre?

Ich habe mich ja nie als Politiker begriffen sondern war eigentlich immer nur an der Entwicklung der Musik interessiert. Und etwas, das immer wieder falsch dargestellt oder einfach verschwiegen wurde, ist die Tatsache, dass unsere Experimente ja vom Arts Council subventioniert wurden. Sie gaben das Geld für die Musikergagen. Das war zwar nicht die Welt, aber es half. Wir waren jedenfalls nicht in der totalen Underdog-Situation. Wir mussten das Geld für die Miete und die Werbung selbst aufbringen. Aber dadurch, dass die Gagen subventioniert wurden, war unsere Musik eigentlich frei. Für umsonst. Jeder zahlte soviel Eintritt wie er wollte oder konnte. Damit wurde dann die Stromrechnung beglichen. Natürlich musste man sich um die Subventionierung kümmern. Das Arts Council kam nicht von selbst damit. Da brauchte es eine gute Presse zur rechten Zeit und gute Connections, die man pflegen musste.

Viele amerikanische Musiker bestreiten die Möglichkeit einer Subventionierung des Jazz. So was gäbe es nur in Europa.

Die Leute haben einfach keine Connections. Ich weiß, wie das läuft. Ich war selbst Mitglied von Gremien, die solche Gelder verteilten oder dafür beratend tätig waren. Und da geht es zu wie überall: wer keine Fürsprecher hat, geht leer aus. Denn die meisten Projekte, die zur Beratung kommen, sind der Unterstützung würdig. Aber nur wenige können schließlich subventioniert werden. Da muss man also immer hinterher sein und Lobbyarbeit leisten. Aber es gibt noch einen anderen Punkt: die meisten Musiker, gerade die, die immer jammern, wissen meist gar nicht, wo sie Gelder herbekommen könnten. Weil sie sich nie drum gekümmert haben. Es gibt in jeder Bibliothek Bücher darüber, regelrechte Anleitungen, wie und wo man an öffentliche Gelder kommen kann. Gelder muss man beantragen, und das kann jeder lernen. Aber wer nur wartet, dass einer um die Ecke kommt und mit den Scheinen wedelt, dem bleibt halt nur das Gejammer.

Wir befinden uns jetzt gerade wieder in einem Rollback, die Republikaner würden am liebsten die gesamte Off-Kultur kippen. Aber da muss man durch, und auch in den politischen Strukturen gibt es immer welche, die gegen solche Entwicklungen kämpfen. Da heißt es, Verbündete zu finden.

Der Bassist Jay Oliver erzählte mir mal von den Proben Ihrer Band zu der Zeit, als er in New York lebte. Er hatte damals einen Job in einer Kantine und als er abends zur Probe kam, roch er nach Fisch und Fett. War es damals üblich, dass die Free Thing Musiker solche Jobs hatten?

Ja, aber man sprach nicht drüber. Ich wusste nicht, dass Jay so einen Job hatte. Mag sein, dass man es manchmal roch. Aber keiner fragte groß nach, weil es eher etwas Peinliches hatte, wenn man zugeben musste, von der Musik nicht leben zu können.

Damals teilte er sich mit dem Saxofonisten Frank Lowe ein Zimmer. Und der fuhr Taxi ...

Taxifahren ist der beste Job dieser Art. Ist zwar manchmal gefährlich, aber einfach zu kriegen. Der Vorteil ist, dass man sein Taxi kurz mal parken kann, um zur Probe zu gehen. Weil man nach Kilometern abrechnet und nicht nach Stunden. Charlie Parker hat die Teller in dem Laden gewaschen, wo Art Tatum Klavier spielte. Und er hat alles versucht, damit Art das ja nicht mitbekommt. Für Musiker ist es jedenfalls nicht der große Deal, einen lausigen Tagesjob machen zu müssen. Darüber schweigt man dann lieber.

Abgesehen davon: New York ist was für Kids, um sich bekannt zu machen. Zahlen tun sie einem in New York eh nichts, und die Atmosphäre innerhalb der Jazz-Szene ist zu aggressiv. Viele gute Musiker meiden später New York, weil es da nicht zählt, wie gut man ist, sondern wie aggressiv. Wie gut man sich selber pushen kann. Und das kann sehr ungesund sein, wenn man nicht tough genug ist.

Wie wichtig waren die politischen Ereignisse der Sechziger für die Free Thing-Bewegung?

Die Kunst reflektiert das Gefühl der Zeit. Das Free Thing war eine sehr politisierte Angelegenheit. Sehr trotzig, sehr widerständig. Wie der Gangsta-Rap heute. Dieses trotzige Moment. Das den Weißen Angst macht. Vor allem den Politikern.

Avantgarde, das war damals dieses Außer-Kontrolle-Feeling. Heute ist Avantgarde jedoch eine rein musikalische Angelegenheit.

Als ich Ende der Sechziger in Cecil Taylors Band spielte, waren wir oftmals mit einer Situation konfrontiert, die ich als kurz vor dem Aufruhr bezeichnen möchte. Es flogen zwar keine Flaschen auf die Bühne, aber die Leute schrieen vor Verärgerung über unsere Musik. Sie buhten uns nicht aus sondern sie schrieen uns förmlich von der Bühne. Das waren kulturelle Riots. In der Regel verließen aber diese Leute dann den Laden, und wir spielten weiter.

Was bedeutet für Sie das Free Thing heute?

Vielseitigkeit. Ich habe mich immer gegen jegliche Einseitigkeit in der Kunst gewandt. Ich wollte nie zerstören. Mir ging es immer darum, meine musikalischen Erfahrungen zu einem eigenen Stil zu addieren. Louis Armstrong, Charlie Parker, T-Bone Walker, Miles Davis, Cecil Taylor, Dizzy Gillespie, Steve Coleman – das sind meine musikalischen Erfahrungen. Das habe ich alles gelebt.

Bevor ich zu Miles Davis kam, war ich musikalischer Direktor von T-Bone Walkers Band. Das war in Boston. In meiner eigenen Band spielten damals Tony Williams, Hal Galper und Henry Grimes. Eines Tages kam Jackie McLean vorbei auf der Suche nach einem Schlagzeuger. Und weg war Tony. Direkt nach New York. Philly Joe Jones und Miles hörten sich Tony an, und am nächsten Tag war Tony in Miles Band. Tony spielte Miles dann mal ein Tape von mir vor, und so kam ich auch dazu. Miles wollte eigentlich Wayne Shorter, der damals noch bei Art Blakey spielte. Bis Wayne frei war, nahm er dann mich. So lief das damals. Danach spielte ich dann mit Andrew Hill. Und sechs Jahre mit Cecil Taylor. Und dann eröffnete ich Rivbea. Später war ich dann drei Jahre in Dizzy Gillespies Quintett. Das war harte Arbeit. Präzisionsarbeit. Wenn ich nur einen kleinen Fehler machte, sprach Dizzy die ganze Nacht darüber.

Im Free Thing ist es für die Hörer sehr schwer zwischen Improvisation und Komposition zu unterscheiden. Im traditionellen Jazz liegt der Unterschied klar auf der Hand. Bebop zu spielen ist ein äußerst komplizierter Prozess. Wesentlich schwieriger als das Free Thing. Leider ist der Graben zwischen Bebop- und Free-Spielern nie überwunden worden. Bebop-Spieler meinen, dass die Free-Spieler nicht spielen können und Free-Spieler meinen, dass man von Bebop keine Ahnung zu haben braucht. Beide irren gewaltig. Aber leider stehe ich da auf verlorenem Posten. Die Bebopper verstehen auch nicht, was die Free-Thinger machen. Und fragen mich immer, was da gerade geschieht, wenn sie zufällig mal in ein Free-Konzert geraten. Dizzy hat mich jedoch nie gefragt. Dafür war einfach keine Zeit.

Wir waren 50 Wochen im Jahr auf Tour. Soviel habe ich in meinem ganzen Leben nicht gearbeitet. Gut, Dizzy ist damit reich geworden. Bei mir reichte es immer gerade für die Miete. Aber ich begreife mich eh mehr als Komponist, der es schätzt, zu Hause zu arbeiten. Miles und Dizzy – das waren ganz große Musikerpersönlichkeiten. Ernsthafte Virtuosen, die auch entertainen konnten. Andrew Hill war ein sagenhafter Pianist, er hatte diesen Monk-Spirit. Ich bin heute glücklich darüber, mit all diesen großen Musikern gespielt zu haben und in so ganz verschiedenen Stilen. Das gibt es heute nicht mehr. David Murray hätte nicht mit Miles oder Dizzy spielen können, und ich glaube, dass er sich selbst in Wynton Marsalis Musik nicht zurechtfände. Aus der Free Thing-Perspektive könnte ich keinen Free Player meiner Generation nennen, der für den Bebop-Kontext qualifiziert wäre. Und wenn mich Marsalis fragen würde, wen ich ihm aus meinem Kontext empfehlen könnte, dann fällt mir nur James Carter ein. Aber auf den ist er ja schon selbst gekommen. Und ich hoffe sehr, daß die Agenten und Produzenten James Carter nicht ruinieren. So wie sie es einst mit Sonny Rollins machten. Als Don Cherry in Rollins Band war, und Stan Getz Rollins riet, sich ja nicht mit den Free-Spielern einzulassen, weil ihm dann das Publikum ausbleiben würde. Für das Free Thing bevorzuge ich Musiker, die in der Tradition zu Hause sind. Ich mag diese Eindimensionalität nicht, die dem Free Thing bis heute anhaftet. Ich hatte mal eine Free-Band mit Musikern, die keine Noten lesen konnten. Also musste ich meine Komposition in Worte übersetzen. Das war entsetzlich stümperhaft. Ich mag Musiker, die Blues und Bebop spielen, Noten lesen und frei spielen können. Meine Kompositionen notiere ich im klassischen Sinne als Noten. Aber ich bestehe nicht auf ausufernde Proben. Mit Cecil haben wir während der Proben manchmal eine Phrase bis zu fünfzigmal wiederholt. Das verlange ich nicht.

INTERVIEW MIT STEVE COLEMAN

Steve Coleman, Jahrgang 1956, begann mit 15 Altsaxofon zu spielen, seine ersten Gigs hatte er mit R&B-Bands in Chicago. 1978 zog er nach New York, spielte mit Sam Rivers und avancierte schließlich mit M-Base (Macro-Basic Array Of Structured Extemporization) zum Protagonisten des afroamerikanischen Independent-Jazz der späten Achtziger Jahre. Während seiner ersten New Yorker Jahre machte er auch gezielt Interviews mit zahlreichen älteren Musikern wie Ornette Coleman und Anthony Braxton, um von ihren Erfahrungen zu lernen.

Sie sind dafür bekannt, an Independent-Strukturen zu arbeiten. Was haben Sie aus den Erfahrungen gelernt, die Bill Dixon in den 60ern und Sam Rivers in den 70ern gemacht haben?

Es gibt eine historisch gewachsene Erfahrung, die von Louis Armstrong über Max Roach und Charles Mingus bis zu Greg Osby, Cassandra Wilson, Geri Allen und mir reicht. Dass man manchmal Dinge initiieren muss, die scheitern können. Aber sie müssen dennoch getan werden. Sam Rivers hat recht, wenn er sagt, dass der Kampf um ökonomische Eigenständigkeit und künstlerische Autonomie geführt wird, weil es keine Alternativen dazu hat. Genauso war es bei uns. Und was passiert normalerweise, wenn etwas Geld ins Spiel kommt? Die Gedanken der beteiligten Menschen ändern sich. Wenn die Meinungsführer ausbezahlt werden, bleibt für die Zurückgebliebenen der Eindruck, dass alles nur zu dem einen Zweck initiiert wurde. Ja, so was passiert. Besonders in einem Land wie den USA, wo der ökonomische Druck unglaublich groß ist. Das kann man gar nicht überbewerten. Ich habe es selbst immer und immer wieder beobachtet – auch bei Leuten, von denen man es nie erwarten würde – wenn viel Geld geboten wird, greifen sie zu. Damit muss man bei einem Amerikaner immer rechnen.

Wie also diesen Druck aushalten?

Nur eine starke spirituelle Philosophie kann helfen, diesem Druck zu widerstehen. So gelingt es mir zumindest. Der Protagonist dessen, wovon ich rede, ist John Coltrane. Er hatte das, worum ich mich bemühe. Aber nehmen wir mal an, man landet doch mal in so einer ökonomischen Falle, dann zählt nur, dass man dabei auch möglichst viel Spaß hat. Musiker, die dann kommen und mir erzählen wollen, sie gingen musikalische Kompromisse ein, weil sie damit viel mehr Leute erreichen können, verarschen sich doch nur selbst. Der einzige ehrliche Grund, so etwas zu tun, ist doch, dass man dadurch endlich mal zu etwas Geld kommt. Und das kann man doch auch so sagen: Ich nehme das Geld und mache mir ein paar schöne Tage damit. Aber wenn man ihnen das dann sagt, tun sie beleidigt. So läuft das nun eben. Leute, die Geld machen wollen, vergessen sehr schnell, woher sie kommen. Selbsthilfe, Selbstverwirklichung, Interaktion, Community – das waren ihre Ideale, solang sie keine Alternative hatten. Ich denke – egal in welcher Gruppengeschichte man kramt, Bird, Ornette, wo auch immer – dass es in jeder dieser Gruppen nur einige wenige gab, die wirklich an das glaubten, was sie taten, und dann gab es da noch die vielen anderen, die lediglich mitmachten, weil sie gar keine andere Alternative hatten. So war es eigentlich auch mit M-Base. Für viele war M-Base nur ein Karrierekick. Sie wollten irgendwie mal in die Presse und an Jobs kommen. Ihnen ging es nicht um kreative Musik. Und man weiß heute ganz genau, wer warum dazugehörte. Man braucht nur hören, was sie heute machen. Und die Loft-Erfahrung war doch ähnlich. Sam Rivers ist für mich derjenige, der den Gedanken am längsten gelebt hat. Er ist dem Coltrane-Spirit sehr nah. Und man muss bedenken, dass er und seine Frau Bird zum Abendessen bei sich hatten. Was heißt, dass er schon lang unterwegs ist. Wie Ornette, wie Cecil Taylor auch. Das sind unter den Überlebenden die Leute, die kreative Musik gelebt haben und leben. Mit allen Höhen und Tiefen. Sie verkörpern die Tradition, der ich mich nahe fühle. Die Tradition, die mich inspiriert. Im Grunde eigentlich ganz einfach: Sie haben das gemacht, was sie tun wollten. Das interessiert mich mehr als Statistiken. Wie viele Platten man verkauft hat, mit welchen großen Namen man zusammenspielte, welche großen Festivals man getourt hat. Dies Zeug, das einem die Manager und Produzenten im Musikbusiness immer wieder einreden. Das hat aber nichts mit Musik zu tun, sondern allein damit, wie man Geld verdient. Dabei ist Geld doch nur eine Illusion. Das bedenken viele nicht.

Welchen Weg haben Sie gefunden?

Es gibt eine Chance. Ich habe intensiv das Business studiert. Eigentlich hasse ich es, mich darum kümmern zu müssen. Aber von irgendwas muss man ja auch leben. Und ich bin soweit ganz zufrieden. Ich bleibe clean, ich nehme keine Drogen. Ich weiß, dass ich an westlichem Standard gemessen nie reich sein werde. Reich fühle ich mich dennoch, weil ich genau das tun kann, was ich will. Und wer kann das schon von sich behaupten? Aber selbst wenn man Reichtum in Geld messen will, und ich mir vorstelle, was die Menschen in Ghana verdienen, dann kann ich nicht klagen. Wenn man sich in Ghana, Brasilien oder Indien umschaut, bekommt man ein gutes Gefühl dafür, was wir alles haben. Aber der Hype macht die Leute ganz wirr im Kopf. Da werden Wynton Marsalis oder Pat Metheny als Superstars und Millionäre vorgeführt und schon denkt jeder, einem selbst gehe es doch viel zu schlecht. Aber wenn ich mich so umschaue, haben gerade die Kollegen, die sich immer beklagen, doch meist auch Arbeit. Ich treffe sie ja alle in Deutschland, wenn sie ihre Club- und Festivaltourneen machen.

Es gibt eigentlich nur zwei Wege: entweder man bleibt sich selbst treu, man macht die Musik, die man machen will und findet heraus, wo die Menschen leben, die das hören wollen und wie man die Musik zu ihnen bringt, oder man macht die Musik, die andere mögen. Der Kenny G-Ansatz. Und zwischen diesen beiden Wegen gibt es Raum. Wichtig ist, dass die Frage der Distribution geklärt wird. Daran sind ja bislang alle Independent-Strukturen gescheitert.

Aber es reicht eben nicht, davon frustriert zu sein. Wer sich nur an Herbie Hancock und Wynton ökonomisch messen will, sollte vielleicht lieber das Gewerbe wechseln.

Was wurde aus dem Wechsel, den Sie auf der ersten 5 Elements-Platte forderten?

„Change the Guard" war ein Titel auf „On the Edge of Tomorrow". Und eigentlich hatte ich dabei den Wach-Wechsel vor dem englischen Königshaus im Kopf. Als Metapher dafür, dass es Zeit für neue Gesichter und neue Sounds sei. Das war zu der Zeit, als überall die jungen Herren in schicken Anzügen zu sehen waren. Sie sahen nicht nach dem Wechsel aus, den ich meinte. Vor allem hörten sie sich nicht danach an.

Ich habe das Gefühl, dass Wynton Marsalis ganz glücklich ist mit dem, was er erreicht hat.

Ich kann natürlich nicht mit allem übereinstimmen, was er sagt. Aber ich halte ihn für ernsthaft und ehrlich. Als er anfing, hatte er keine Ahnung, wie viel Geld er schon bald damit verdienen würde. Er kam zur rechten Zeit am rechten Ort an. Aber das, was Wynton widerfuhr, hatte es vorher nicht gegeben. Zumindest nicht für einen jungen schwarzen Musiker. Ich weiß, dass Wynton die Dinge, die er tut, aus Überzeugung macht. Dafür respektiere ich ihn. Man kann ihm jedenfalls nicht vorwerfen, dass er das alles nur des Geldes wegen macht. Denn das kam schließlich erst später. Ich denke jedoch, dass er heute unter einem immensen Druck steht. Der ihn dazu zwingt, sich zu begrenzen. Das ist nicht nur die Eigendynamik von Lincoln Center-Strukturen, sondern auch die Zwänge, die er sich selbst auferlegt hat. Indem er sich zum Leader und Sprecher einer Generation erklärt hat. Und auch meint, dass er das wirklich ist.

Ich denke, dass Wynton Stanley Crouch und Albert Murray folgt, weil er auch selbst daran glaubt. Und man versteht wieso, wenn man sich anschaut, wie Wynton aufwuchs. Diese ganz spezielle Upper-Middle-Class-Black-Familiy-in-New-Orleans-Attitude, die man sofort erkennt. Sein Vater repräsentiert das sehr stark. Und Wynton auch. Branford ist in dieser Hinsicht vielleicht etwas verwirrter.

Der Widerstand, den es unter Musikern gegen Wynton gibt, hat vor allem zwei Gründe: Eifersucht auf Wyntons Erfolg und persönliche Querelen. Der ganz normale Bullshit also.

Seine Arbeit am Lincoln Center ist lediglich als Erweiterung der Lincoln Center-Speisekarte zu verstehen, sie hat nichts Bedrohliches für diese Institution. Es ist eben viel einfacher, Schwarze zu ertragen, die das tun, was Wynton macht, als Typen wie Coltrane, die ein radikaleres Denken repräsentieren. Das ist dann eine Frage der Energie, die deine Musik hat. Und eine Frage der Macht, die diese Musik ausstrahlt. Und Musik, die am Lincoln Center gespielt wird, muss eben in die Fassade passen, die dort als Kultur definiert ist.

Könnte man denn sagen, dass Coltrane die schwarze Kultur repräsentiert, die Sie meinen?

Das Problem ist ja, dass es die schwarze Kultur in Amerika, von der in Deutschland gern geredet wird, gar nicht gibt. Sie hat so viele verschiedene Ausprägungen, dass es einen gemeinsamen Nenner kaum gibt. Seit der Sklaverei gab es auch immer Schwarze, die lieber weiß gewesen wären.

Die New Yorker Neokonservativen sprechen nicht mehr von Afro und Black. Sie sprechen von amerikanischer Kultur. Was symbolisiert diese Haltung?

Das ist die Position der schwarzen Mittelschicht. Sie hätten gern ein Stück vom amerikanischen Traum, vom amerikanischen Kuchen. Oder sie haben schon ein Stück und wollen das gern behalten. Was ein ähnliches Syndrom ist. Die oppositionelle Haltung dazu kommt meist von Leuten, die nichts haben. Ändert sich ihre Lage, ändern sie ihre Haltung. Das Problem haben wir ja vorher schon im Kontext mit der Loft-Szene besprochen. Und meiner Meinung nach erklärt das auch die Entwicklung eines Stanley Crouch. Vom Avantgarde-Aktivisten zum Wynton-Mentor. Das hat nichts mit gut oder schlecht zu tun, sondern mit einer veränderten sozialen Lebenswelt. Das ist ganz normal. Als es Coltrane finanziell ganz gut ging, widmete er sich mehr und mehr der spirituellen Seite seiner Musik. Das war und ist überhaupt nicht normal.

Was hat Rassismus mit Jazz zu tun?

Rassismus ist ein Produkt der amerikanischen Fabrik. Rassismus ist vollkommen in die amerikanische Gesellschaft integriert. Man kann nicht ernsthaft über Amerika diskutieren, ohne über Rassismus zu sprechen. Als Schwarzer, der in Amerika lebt, ist man täglich mit diesem Phänomen konfrontiert. Für Weiße mag das etwas anders aussehen. Sie mögen glauben, dass die Zeiten vorbei sind und dass jetzt einige Schwarze den Big Deal damit machen, wenn sie von Rassismus schwätzen. Aber sie sind in ihrem Alltag eben auch nicht ständig damit konfrontiert. Dennoch: Was aus Amerika kommt, hat den Rassismus in sich. Das betrifft die Musik genauso wie den Sport. Es gibt die Rodney King- und O.J.-Zeiten, dann hat das Thema Hochkonjunktur. Und es gibt Zeiten, da redet keiner drüber. Aber worüber wir jetzt sprechen, ist das Business, das die Medien betreiben. Wenn Down Beat und Jazz Times ihre Auflagen damit steigern zu können glauben, indem sie den Rassismus thematisieren, dann tun sie es. Das ist jedoch keine Reflektion darüber, wo es Rassismus gibt. Denn der hört leider nicht auf, nur weil die Zeitungen nichts mehr über ihn schreiben.

In Deutschland war viele Jahre eine Jazzrezeption en vogue, die suggerierte, dass amerikanische Musiker besser, ja, authentischer spielen als europäische. Und wenn sie zudem noch schwarz sind – umso besser. Was denken Sie darüber?

Ich denke nicht, dass man deshalb behaupten könne, dass die Deutschen sich gegenüber deutschen Musikern rassistisch verhalten. Aber ich weiß genau, was Sie meinen. Gelegentlich trete ich auch mit Weißen auf, und dann werde ich regelmäßig von Weißen aus dem Publikum oder von weißen Journalisten gefragt, was denn Weiße in meiner Band zu suchen hätten. Und wenn ich dann darauf antworte, dass der Weiße in meiner Band ist, um meine Musik aufzuführen, bekomme ich die Antwort: Aber Steve Coleman macht doch Black Music, also erwartet man, dass er dafür auch schwarze Musiker liefert. Weiße könnten nicht Black Music spielen und so weiter. Jazz ist von schwarzen Menschen geschaffen worden, also müssen Schwarze das auch besser spielen können. Welche Chance hatte denn ein deutscher Jazzer mit einer weißen Band, wenn nebenan James Carter auftrat – und das zu einem Zeitpunkt, wo noch kaum einer Carter kannte? Solange Schwarze die Läden füllen und Weiße nicht, wirkt der Rassismus ökonomisch. Dieser Rassismus ist in den Köpfen drin. Und ein Promoter wird natürlich immer die Band buchen, mit der er am meisten verdienen kann.

Andererseits findet man beim Tennis oder Ski kaum schwarze Sportler. Heißt das nun, dass Schwarze kein Tennis spielen können? Ich sehe das also immer von zwei Seiten. Viele denken, HipHop sei Black Music und deshalb können Schwarze das auch am besten. Das müssen wir hier jetzt nicht vertiefen. Schwarze beschweren sich hingegen, dass weiße HipHopper sofort einen Plattenvertrag bekommen, und denken, dass das nur daran liegt, dass diese Jungs weiß sind. Ebenso wundern sich schwarze Jazzer darüber, dass Phil Woods 15 Jahre lang den Down Beat Poll in der Sparte Altsaxofon gewann. Das geht also hin und her.

Als ich das erste Mal nach New York kam, empfahlen mir alte schwarze Jazzer, bloß keine weißen Musiker für meine Band zu mieten. Warum sollte ich das nicht tun? Weil der Weiße alles imitieren und nach einer Reihe von Jahren damit reich und berühmt wird, während ich arm bleiben würde. Das erzählten sie mir, weil es ihnen so ergangen war. Sie wollten mir einen Gefallen damit tun. Und bis heute gibt es Leute wie Max Roach oder McCoy Tyner, die keine weißen Musiker beschäftigen. Das basiert in den meisten Fällen auf Lebenserfahrung. Der Swing, der Groove den man hat, basiert auf den Erfahrungen, die man gelebt hat. Er hat damit zu tun, woher man kommt. Nicht nur kulturell, auch genetisch. Alles was man ist – die Eltern, die Gegend, in der man aufwuchs – und alles was man zu sein glaubt beeinflusst die Musik, die man macht. Richie Cole wird nie klingen wie Charlie Parker. Die Erfahrungen sind viel zu unterschiedlich. Aber was Tim Berne und mich eint, ist eine bestimmte Erwartung an Musiker. Unterschiedliche Präferenzen für ganz bestimmte Sounds. Das hat jedoch nichts mit Rassismus zu tun. Oder ist Max Roach ein Rassist, ist Phil Woods einer? Wer will das schon sagen? Diese Fragen repräsentieren eine beschissene Welt.

INTERVIEW MIT JAMES CARTER

Der Saxofonist James Carter, Jahrgang 1969, legte 1993 mit „JC On The Set“ das hipste Jazzplattendebüt der Neunziger Jahre vor. In der zweiten Hälfte der Neunziger Jahre machte er vor allem durch atemraubende Live-Auftritte von sich reden. Was James Carter mit seinen Saxofonen rau und aggressiv ausbreitet, ist instrumentaler Black Talk von selten gehörter Intensität. Zehn Jahre nach seinem Debüt erschien die CD „Gardenias For Lady Day“ mit einer neuen Version von „Strange Fruit“. In diesem Song wird die Lynchjustiz an schwarzen Amerikanern thematisiert.

„Strange Fruit“ wurde in den Dreißiger Jahren geschrieben. Was bringt dieser Song heute noch?

Als Billie Holiday „Strange Fruit“ sang, hatte der Jazz in der öffentlichen Wahrnehmung gerade das Stadium der primitiven Wilden überwunden und die so genannten heiligen Hallen der Hochkultur erreicht. In dieser Situation schaffte Billie Holiday mit ihrem Song nun eine ganz neue Plattform für Jazz-Künstler, die die Notwendigkeit verspürten, die Gesellschaft zu kritisieren und Missstände anzuprangern. Ihre Version von „Strange Fruit“ legte die Spur für große Widerstandssongs wie „Fables Of Faubus“, „The Revolution Will Not Be Televised“ bis zu „Fight The Power“. Diese Stücke zeigen, dass man durch Songs die Krankheiten des politischen Systems und die Ungerechtigkeit, die einen umgibt, thematisieren und Möglichkeiten diskutieren kann, wie die Gesellschaft zu verändern ist. Im Unterschied zu politischen Rednern haben die Künstler wesentlich subtilere, ja, spirituelle Möglichkeiten, die Sinne der Menschen zu mobilisieren. Ihnen gelingt es einfach besser, dass sich das Publikum für kritische Themen öffnet und Position bezieht. Wer sagt, dass sich politisch motivierte Musik nicht verkaufen lässt, lügt. Die Band Public Enemy hat mit ihrer Message von der Stärke und Innovationskraft Afroamerikas unzählige Menschen erreicht, die Platten wurden gekauft, obwohl Ungerechtigkeit, Rassismus und überalterte Denkweisen in ihren Texten unmittelbar attackiert wurden. Auf einer anderen Ebene kennen wir diese Intention von Archie Shepps Platte „Fire Music", aber auch von Sun Ra und Albert Ayler. Die Frage war und ist, wie man die Gesellschaft, in der wir leben, zu einem menschenwürdigeren Ort machen kann. Damals war man cool und hatte eine Message. Gangsta-Rap war dann die Antithese dazu. Oder anders gefragt: Was wäre, wenn Public Enemy und Arrested Development und andere Bands der Black-Consciousness-Bewegung nicht von Gangsta-Rap verdängt worden wären, sondern weiterhin beachtliche Plattenumsätze hätten und ihre Message die Leute erreichen würde? „Strange Fruit" ist deshalb für mich heute einer der wichtigsten Songs. Dieser Song kontert auch den Alltag des Musikers. Ein Stück wie „Body And Soul" erzählt von bedingungsloser Liebe, und die Tiefe dieses Songs lässt sich musikalisch gut interpretieren. Aber „Strange Fruit" sprengt den Rahmen und die Sicherheit, in der man sich kürzlich noch wiegte.

Vor dem 11. September erwartete das schwarze Amerika einen positiven Regierungswechsel in New York – das politische Ende des New Yorker Bürgermeisters Guiliani und seiner rassistischen Polizeitaktik stand unmittelbar bevor. Doch kurz darauf wurde er neben Bush zum Mann des Jahres gewählt.

Die Lügen der amerikanischen Regierung vor und während des Irak-Kriegs haben die Leute hier derart verwirrt, dass man sich nicht wundern sollte, wenn die so genannten Verschwörungstheorien über den 11. September hier auf fruchtbaren Boden treffen. Für das schwarze Amerika hat sich die Situation nach dem 11. September verändert, der Rassismus hat zugenommen, die Notwendigkeit zum Widerstand liegt auf der Hand. Mich jedenfalls haben diese Jahre grundlegend verändert, ich habe das Gefühl, ich bin aufgewacht.

Geht es um kulturelle Bestandssicherung?

Es geht auch um das kulturelle Erbe. Dass man sich bewusst macht, was unsere Vorgänger geleistet haben. In meiner Heimatstadt Motown gibt es eine lange Tradition von Songs wie „My Girl" und „Just My Imagination", die das zwischenmenschliche Leben thematisieren und Vorschläge machen, wie man sich zueinander verhalten könnte, ja, sollte. Heute hilft alles, was den Familienzusammenhalt fördert, alles, was das Selbstbewusstein schulen und zu einer stärkeren Identität der Individuen beitragen kann. Songs können da sehr hilfreich sein.

Warum spielt seit Ihrer CD „In Carterian Fashion" die Orgel eine große Rolle in Ihren Bands?

Die Orgel spielte in der schwarzen Geschichte immer eine wichtige Rolle – in den Kirchen für Spirituals, in den Tenor-Orgelcombos der Fünfziger und Sechziger Jahre bis hin zum 70er Jahre-Funk. Es ist auch eine Art Wiederentdeckung einer Musik, die ein wenig verlorengegangen zu sein scheint. Da die Orgel so stark mit der Kirche verbunden ist, geht es auch um das Zusammenkommen und die Geselligkeit, um Community also.

Wenn man mal den Aspekt der Erstarrung dieses Instruments in unserer Community über die Jahre betrachtet, bestand einfach eine gewisse Dringlichkeit, dagegen etwas zu tun. Die Kirche bildete immer ein Ventil dafür, nicht nur deinen Nächsten, sondern auch Gott nahe zu sein und die Orgel gehörte einfach dazu. Später fand sie dann den Weg in Kneipen und Jazzclubs und schließlich sogar ins Studio. Meiner Meinung nach ist das alles Politik, was auch immer das Ziel sein mag. Meine CD „Layin' In The Cut" knüpfte unmittelbar an „In Carterian Fashion" an, und seit meinen Aufnahmen zu „Live At Baker's", die im Sommer 2001 in dem legendären Detroiter Club Baker's Keyboard Lounge stattfanden, bin ich mit einem Orgeltrio regelmäßig auf Tour.

Wie würden Sie Ihren Sound bezeichnen?

Ich nenne es Vocalization, denn das oberste Ziel der Instrumentalisten ist doch, die menschliche Stimme nachzuahmen. Sängerinnen, die mich besonders geprägt haben, sind Ella Fitzgerald und Sarah Vaughan, besonders jedoch Billie Holiday mit der Art, wie sie bestimmte Nuancen in die Stücke brachte. Das hält wach und prägt sich ein.

Wie kam es zu Ihrem Billie Holiday-Album?

Als ich 2001 mit der Sopranistin Kathleen Battle tourte, lernte ich den Komponisten Roberto Sierra kennen. Er wollte ein Saxofonkonzert für mich schreiben, und die Premiere von „Concerto For Tenor And Soprano Saxophones With Orchestra" fand im Oktober 2002 mit dem Detroit Symphony Orchestra in Detroit statt. Ein Jahr später führten wir das Konzert dann noch einmal auf. Es inspirierte mich dazu, ein Album mit Streichern zu machen. So kam es zu „Gardenias For Lady Day", einem Tribut-Album für Billie Holiday – der Frau, die ich als definitive Künstlerin begreife. Sie ist schon seit Jahren meine Muse, und ich bewundere an ihr, wie sie es geschafft hat, trotz widrigster Lebensumstände Optimismus, Würde und Wahrhaftigkeit in ihren Songs zu verbreiten.

Gibt es einen Zusammenhang zwischen Avantgarde und Tradition im Jazz?

Ich spreche von Black Music und beziehe mich in meiner Musik ausschließlich auf diese Tradition. Der einzige Grund, warum ich den Begriff Avantgarde überhaupt verwende, liegt darin, dass die Leute immer irgendeine Art von Kategorisierung haben wollen, man muss jegliche Art von Musik benennen können. Trotzdem sehe ich die musikalische Zukunft sehr optimistisch, es wird viele gute Leute geben, viele neue Kompositionen und auch eine Menge obskurer Erscheinungen.

Wenn man mit den alten Musikern zusammenspielt, finden sich auf einmal sehr deutliche Ähnlichkeiten im Spiel von Lester Bowie und Harry Sweets Edison. Man muss nur mal die Ohren aufsperren und hinhören, dann stellt man fest, dass es eine Kontinuität gibt, die sämtliches Schubladendenken überflüssig macht. Wenn mehr Energie aufs Zuhören verwendet würde, wäre schnell klar, dass alle Teil eines Ganzen sind, nur eben zu unterschiedlichen Zeiten.

Wie reflektieren Sie Ihre Zeit mit Lester Bowie und Wynton Marsalis Anfang der Neunziger Jahre, als Sie praktisch zwischen die Fronten des letzten großen Jazzkriegs gerieten?

Ich habe mich nicht für dumm verkaufen lassen. Ich war sowohl im neotraditionalistischen, als auch im Avantgarde-Lager. Für mich ging es um die Musik, nicht um vage Theoreme. Alles gehört zusammen, oder besser, jeder Musiker schleppt seine Wurzeln immer mit sich herum und entwickelt auf der Grundlage dieser Informationen neue Werke. Man konnte den Einfluss Fletcher Hendersons bei Sun Ra hören, den eines Roy Eldridge bei Dizzy Gillespie.

Sind Sie mit dem alten Jazz aufgewachsen? Gibt es da gewachsenen Strukturen?

Als ich zu spielen anfing, kannte ich den Saxofonisten Buddy Tate und den Trompeter Harry Sweets Edison, die ja auf meiner CD „Conversin' With The Elders“ mitspielten, nur aus Büchern, von Fotos oder aus „Jump Street“-Ausschnitten, einem Fernseh-Programm, das der Sänger und Texter Oscar Brown Jr. in den Vereinigten Staaten initiierte. Dort sah ich Sweets Edison und Buddy Tate zum ersten Mal, und sie beeindruckten mich total in ihrer coolen, relaxten Haltung. Das war so um 1981 herum, es steckte etwas Majestätisches und eine Menge Stolz in ihrer Musik. Ich traf die beiden dann 1986, und für mich war es, als würden sie aus dem Buch heraustreten, wirklich beeindruckend. Es war enorm, dass sie immer noch spielten mit so guten Vibes, das machte es für mich nur noch spannender, sie auf dem Album dabeizuhaben. Wir tauschten dann eine Menge aus, Buddy Tate ließ mich sogar auf seinem Saxofon spielen. Ich dachte mir nur: „Hey Mann, das ist hip“.

Hat Ihre CD „Conversin With The Elders“ Ihr Verhältnis zur Tradition geprägt?

Die Kommunikation und Auseinandersetzung mit den älteren Musikern ist mir sehr wichtig. Man kann, indem man mit ihnen spricht, viel aus ihren Erfahrungen lernen und, indem man etwas von ihnen weiterträgt, ihre Existenz untermauern. „Conversin With The Elders“ war auch ein Beleg, dass ich anderen aktiv Tribut zollen kann, während sie noch unter uns sind, statt erst postum ein Tributalbum oder eine Art Requiem für sie aufzunehmen. Leider merken viele Leute immer erst nach dem Tod von bestimmten Persönlichkeiten, wie hip diese eigentlich waren.

Was nach dieser Aufnahme passierte, kann ich immer noch nicht richtig glauben: Es gelang mir doch tatsächlich, genau das Selmer-Saxofon zu erstehen, das Buddy Tate spielte, als er in die Count Basie Band kam. Damals, 1938, war dieses Instrument brandneu, es ist auch in einem Filmausschnitt der Count Basie Band zu sehen. Für mich ist es irgendwie so, als würde ich symbolisch eine Fackel weitertragen, wenn ich dieses Saxofon jetzt spiele.

Wo verläuft bei Ihnen die Grenze?

Nicholas Payton, Ravi Coltrane, Roy Hargrove und ich gehören einer Generation an, die mit HipHop und Funk aufwuchs. Wir stehen zu diesen Einflüssen. Wynton Marsalis sagte mir bei den Arbeiten zu „Blood On The Fields" mal, dass er in meinem Spiel Rockeinflüsse hören würde. Mag sein, auch wenn das für ihn ein Problem ist, will ich es nicht ändern. Es ist Teil meines Vokabulars, Einflüsse, über die mich identifizieren kann. Aber wir kennen nicht nur 50 Cent, wir wissen auch, was Louis Armstrong und Cab Calloway und Slim Gaillard der Musik gebracht haben. Die Frage ist: Was hat ihr Leben mit dem deinen zu tun? Welchen Weg haben sie geebnet? Welche Entwicklung haben sie durchgemacht? Die wenigsten können diese Fragen noch beantworten.

Warum kommen zurzeit so wenige Impulse vom afroamerikanischen Jazz?

Das zeigt, wo wir sind. Früher, bevor unsere Musik kommerzialisiert wurde, war sie communal. Nur wenige Musiker haben wie Wynton Marsalis noch einen Background in einer regionalen Community. Er taucht bei einer Jam-Session auf, weil er Lust hat, zu spielen. Nicht, um für seinen nächsten Gig zu proben. Obwohl es in den Kreisen, in denen ich mich bewege, immer wieder Diskussion über die Zukunft der Musik gibt, vermisse ich die Initiative. Ich kann mich nur schwer daran erinnern, wann ich bei einem anderen Musiker zuhause gewesen bin, nur um zusammen zu spielen. Meist geht es eben um das Geschäft, die nächste Tournee, das nächste Konzept-

Album. Da ist also etwas verloren gegangen, Musiker kommen nicht mehr einfach zusammen um zu spielen. Community bedeutet für mich das Gegenteil von Hass, Eifersucht und Intrigen – Community bedeutet zuallererst, dass man respektvoll miteinander umgeht. Ich gehe gern zu den Jam-Sessions im St. Nicks Pub in Harlem, das ist für mich Commnity, dass man sich trifft, sich grüßt, zusammen spielt, das ist genau das, was die Rapper „Street Credibility" nennen: der Kontakt zu seinen Leuten auf Graswurzelebene. Ob du einen Majorvertrag hast oder nicht, spielt da keine Rolle.

Bei der Jam-Session geht es ja letztlich um Mut und Weiterentwicklung, ich nenne das eine öffentliche Probe. Es geht um Disziplin, um Können, um Lust, die Kunst weiterzuentwickeln, um Information..

Was bedeutet Respekt für Sie?

Respekt heißt, dass man sich verneigt. Spirituell, mental, und ja, auch physisch, vor den überragenden Leistungen und Qualitäten eines Individuums. Ich habe Stücke von Sun Ra und Don Byas aufgenommen, weil ich glaube, dass sie während ihres Lebens nicht genug gewürdigt wurden. Don Byas emigrierte nach dem Zweiten Weltkrieg nach Europa, weil er hier keine Möglichkeit sah, seine Musik weiterzuentwickeln. Das soziale Klima, der Rassismus, der mangelnde Respekt, die Drogen, der Alkohol haben Musiker wie Byas oder Ben Webster sehr zugesetzt. Dank dafür, dass sie durchgehalten haben und fortfahren sind, ihre Musik aufzunehmen. Als Künstler habe ich jetzt die Aufgabe, diese Informationen weiterzugeben. Das Publikum zu informieren – darum geht es. Respekt ist das Wissen und Verständnis darum, dass es Individuen vor einem gab, die Wege geebnet haben, auf denen man ganz selbstverständlich sein Leben verbringt.

INTERVIEW MIT WILLIAM PARKER

Alan Silva, der Bassist der New Yorker Oktoberrevolution von 1964, bezeichnet ihn als „führenden Bassisten der Nach-Vietnam-Ära". William Parker, Jahrgang 1952, gilt heute als der politisch aktivste Musiker der schwarzen New Yorker Free-Thing-Szene. Ihn interessiert nicht, was aus der Tradition des Jazz wird, sondern wie man mit aktueller Musik (über)lebt: jeder Ton eine kleine Rettungsstation.

Der afroamerikanische Schriftsteller Amiri Baraka sieht die Musiker in der Verantwortung, das kulturelle Erbe zu bewahren. Er beklagt, dass die Rapper und HipHopper, also die jungen schwarzen Musiker, keine Standards und Changes kennen würden und keine Ahnung von den Grundlagen und Erfindern der afroamerikanischen Musik hätten. Hat der Diskurs über das Erbe der schwarzen Kultur Sie weitergebracht?

Ich glaube, dass jeder Mensch sein eigenes Erbe mit sich herumträgt. Charlie Parker ist tot. Man kann sein Erbe nicht bewahren. Dazu bräuchte man ihn selbst. Duke Ellington, Thelonious Monk – tut mir leid, aber sie sind alle tot. In dieser Musik ist der Musiker der Katalysator. Der Geist eines verstorbenen Musikers reicht nicht, um sein Werk am Leben zu erhalten. Jeder junge Musiker muss also seine eigene Stimme finden. Welchen Weg er auch beschreitet, angesichts dieses Universums an Ideen, wie er sie filtert und diszipliniert und transformiert, das Ergebnis ist sein Ding. Ob es Geschmack,

Tiefe und Seele hat, wird man dann sehen. Ich halte jedenfalls nichts davon, die Tradition am Leben zu erhalten. Coltrane ist tot. Aber die Musik, die wir machen, ist lebendig. Baraka mag, was die Musik angeht, etwas hinterherhinken. Er redet immer noch so, als wären wir in den Sechziger Jahren. Er geht nicht hip mit dem um, was aktuell geschieht. Er und seine Leute reden immer noch von Coleman Hawkins, so what.

„In Order To Survive" symbolisiere New York, schrieb der 2002 verstorbene Bassist Peter Kowald in den Liner Notes zu Ihrer gleichnamigen FMP Platte, die 1998 beim „30. Workshop Freie Musik" in Berlin aufgenommen wurde. „In Order To Survive" thematisierte auch materielle Not, Durststrecken, mangelnden Respekt – all das, womit kreative Künstler in New York täglich konfrontiert sind. Ebba Jahn hat dieses New York in ihrem Film „Rising Tones Cross" dokumentiert. Wie kam es zu dem von Ihnen und Kowald organisierten Sound Unity Festival?

1983 hatte der Künstler A.R. Penck uns, Peter Kowald und mir, 25000 Dollar zugesagt, damit wir ein Musikereignis unserer Wahl in New York organisieren konnten. Kowald lebte dann mehrere Monate in New York und ein Jahr später fand das Sound Unity Festival in einer kleinen Basketball-Halle statt, die gesamte Lower East Side Szene war gekommen, 119 Musiker spielten über fünf Tage verteilt. Jeder der beteiligten Musiker erhielt 100 Dollar Gage, alles bewegte sich auf Graswurzelebene. Sound Unity sollte mehr sein als ein Festival. Wir wollten, dass sich die improvisierenden Musiker organisieren. Es sollte vor allem darum gehen, eine Grundlage für die Zukunft dieser Musik zu entwickeln. Vier Jahre später, 1988, haben wir dieses Festival noch einmal wiederholt, doch später konnten wir dann keine Subventionen mehr auftun. Es gab und gibt immer wieder Versuche, Festivals mit unabhängigen kreativen New Yorker Musikern zu veranstalten – seit acht Jahren machen wir nun das Vision Festival. Das ist eine sehr politische Aktion, es gibt nicht nur Tanz, Poetry und Musik, sondern auch politische Reden. Man kann sich backstage als Wähler registrieren lassen, es sind Zusammenkünfte von Menschen, die sich gegenseitig inspirieren möchten. In den letzten Jahren war das Motto „Vision Against Violence" – unser Versuch, zum Weltfrieden beizutragen. Anti-Atom, Anti-Imperialismus, Anti-Kolonialismus – es geht um die Revolution der Seele, die möglicherweise zur gesellschaftlichen Revolution führt.

In den Achtziger Jahren waren Sie der Bassist in den Bands von Cecil Taylor. Wie wichtig war diese Erfahrung für Sie?

Was ich bei Mr. Taylor lernte, war, dass musikalische Stilistik keine Bedeutung hat. Als ich mit Cecil spielte, konnte ich mich entscheiden, ob ich Bossa Nova oder Blues spielen wollte, ich konnte aus all den Sounds wählen, die in der Welt existieren, und das zeigte mir, wie weit man gehen kann – grenzenlos. Freiheit in der Musik bedeutet, dass man die Freiheit hat, alles zu spielen, was man möchte. Das ist eine hochdisziplinierte Angelegenheit – denn um das zu spielen, was man möchte, muss man schließlich erstmal wissen, was alles möglich ist, und wie man das in eine gültige Fassung bringt. Es geht ja um das Ergebnis: profunde Musik, die das Leben der Menschen verändern kann. Wir sind dazu da, Leben zu retten.

Wie würden Sie Ihre Musik beschreiben?

Wir erzeugen Klänge durch den kreativen Gebrauch unterschiedlicher Methoden. Dazu gehören die als Lines bezeichneten notierten Melodiemotive und metrisch notierten Rhythmusfragmente ebenso wie spontane Variationen, um das vorgegebene Material zu erweitern, die Schichtungen von Klang und Stille, plus die in der Musikersprache Call and Response genannte Klangorganisation als Dialog, Rede und Widerspruch, sowie der gleichzeitige Gebrauch unterschiedlicher Tonarten und Rhythmen, das unisono Spiel und die als Vamps bezeichneten Wiederholungen rhythmischer Motive. Methoden eben.

Und wenn da mal was schief geht? Das Kollektiv ins Stocken kommt?

Jedes Stück, das ich komponiere, hat eine Geschichte, die ich den Musikern auch erzähle. Meine Komposition „Dust On A White Shirt" von meiner CD „Scrapbook" basiert auf einer Geschichte, die mir der Schriftsteller Julius Lester erzählt hat. Wenn er als Kind sonntags in die Kirche ging, wurde er vorher in die schönsten Klamotten gesteckt. Auf jeden Fall war ein weißes Hemd angesagt. Und es wird natürlich erwartet, dass man sich den ganzen Tag lang nicht schmutzig macht, dass also das weiße Hemd sauber bleibt. Das Problem ist, dass es in Arkansas immer so weht, dass dein weißes Hemd in spätestens fünf Minuten völlig eingestaubt ist. Dann wird Mutter sauer. Aber als Kind möchtest du natürlich unbedingt in die Kirche gehen, weil das der einzige Ort ist, wo überhaupt etwas passiert am Sonntag. Also was tun? Wie bleibt man am Sonntag sauber? Die Geschichte stimmt die Musiker ein. Sie gibt ihnen das Gefühl, dass etwas absichtlich geschehen soll, sie schafft eine bestimmte Stimmung, die man auch musikalisch ausdrücken kann. In „Urban" geht es um die große Stadt, um arme Leute, die in den Inner Cities leben. Und wenn dann eine Platte wie „Scrapbook" fertig ist, und die Geschichten so nacheinander an einem vorbei fließen, habe ich das Gefühl, das mein Leben erzählt wird, Erfahrungen durch Sounds.

Sie haben Ihre „Scrapbook"-Komposition „Singing Spirits" nicht nur dem Bassisten Charles Mingus gewidmet, sondern auch dem Geiger Ihres Violintrios, Billy Bang.

Das ist meine Art, Respekt zu zeigen. Dieses Stück könnte auch singende Violine heißen, und mit Billy Bang bin ich ja schon über 30 Jahre lang befreundet. Ich bin besonders stolz auf seine CD „Vietnam: The Aftermatch“, die Bang zusammen mit anderen afroamerikanischen Vietnamkriegteilnehmern aufgenommen hat. Die Soldaten, die nach Vietnam gingen, ich war nicht dabei, machten eine grausame Erfahrung durch. Nicht nur zuzuschauen, wie Menschen getötet werden, sondern darin auch aktiv involviert zu sein. Zu sehen, wie Menschen unmittelbar vor dir zerfetzt werden, die Lügen der Regierung zu hören, nach Hause zu kommen, und keinen Job zu bekommen – man merkte zu spät, dass es ein Fehler war, in den Krieg zu ziehen. Um diese Dinge zu thematisieren, man wird die Erfahrung ja nie los, hat Billy diese CD gemacht. Das soll nur der Anfang sein. Er plant eine weitere Aufnahme, an der auch vietnamesische Musiker mitwirken sollen, die damals auf der anderen Seite gekämpft haben. Wichtig für uns ist, dass man sich gegenseitig auffängt, wenn es mal nicht mehr weiter geht. Jeder unserer Musiker, wenn man ihn denn einladen und ihm erlauben würde, zu reden, ist ein guter Sprecher für unsere Musik. Daniel Carter ist ein sehr guter Rhetoriker, Charles Gayle, Matthew Shipp, David S. Ware, Hamid Drake. Keiner von ihnen ist Organisator in dem Sinne, dass er für die anderen sprechen könnte. Jeder von uns spricht nur für sich selbst, aber wir respektieren und helfen uns gegenseitig, und wir organisieren uns auf der Grundlage, dass wir sehr eigenständige Individuen sind. Wir erkennen die Stärke des jeweils anderen. Wir sind eine Musikerfamilie, wie Dennis Charles sagte: „Wir lieben die Musik, und wir lieben das Leben.“

EDITORISCHE NOTIZ

Grundlagen des Buches bilden Kolumnen in *Taz* und *Tagesspiegel*, sowie zahlreiche Interviews und Porträts zum Thema, die teils in *FR*, *FAZ*, *Zeit*, *Jazzthetik* und *Jazz Thing* abgedruckt worden sind. Die Interviews wurden zwischen 1994 und 2004 geführt

Ich danke den Musikern für Ihr Vertrauen und allen, die beim Zustandekommen dieses Buches mitgewirkt haben. Besonderen Dank an Christiane Knoll für die Mitarbeit an den Übersetzungen.

VERBRECHER
VERLAG

Zeev Sternhell
FASCHISTISCHE IDEOLOGIE

Eine Einführung
Taschenbuch
144 Seiten
12,30S, 24 SFr
ISBN-Nr. 393584302X

„Es gibt in unserem politischen Vokabular nur wenige Begriffe, die sich einer solch umfassenden Beliebtheit wie das Wort Faschismus erfreuen, ebenso aber gibt es nicht viele Konzepte im politischen Vokabular der Gegenwart, die gleichzeitig derart verschwommen und unpräzise umrissen sind." Mit diesem Satz leitete der bedeutende israelische Historiker Zeev Sternhell 1976 seinen Aufsatz „Faschistische Ideologie" ein. Dieser Satz gilt bis heute. Sternhell nimmt in der Einführung – die nun erstmals auf deutsch vorliegt – eine genaue Bestimmung des Begriffes Faschismus aus seiner historischen und ideologischen Entwicklung heraus vor.

Verbrecher Verlag Gneisenaustraße 2a 10961 Berlin
www.verbrecherei.de info@verbrecherei.de

VERBRECHER
VERLAG

Tjark Kunstreich
NACH DEM WESTEN

160 Seiten
13€, 24 SFr
ISBN: 3-935843-32-1

Nicht nur der Osten ist zu Ende gegangen, sondern auch der Westen. Am Beispiel von 9/11, in der Kritik der deutschen Vergangenheitsbewältigung und im Lob des Dichters Ronald M. Schernikau geht es Tjark Kunstreich um ebenso verzweifelte wie aussichtslos scheinende Bemühungen, dem Gang der Dinge etwas entgegenzusetzen: „Es geht nicht um Vollendung von Geschichte, sondern darum, ihre Vollendung zu verhindern."
Tjark Kunstreich lebt als Autor in Berlin. Zuletzt erschien „Ein deutscher Krieg. Über die Befreiung der Nation von Auschwitz" (ça ira 1999).

Verbrecher Verlag   Gneisenaustraße 2a   10961 Berlin
www.verbrecherei.de   info@verbrecherei.de

VERBRECHER
VERLAG

Britta Lange
EINEN KRIEG AUSSTELLEN

128 Seiten
13S, 26 SFr
ISBN: 3-935843-20-8

In dieser Arbeit stellt die Kulturwissenschaftlerin Britta Lange dar, wie der Mythos vom Krieg ab 1916 in „Deutschen Kriegsausstellungen" Gestalt bekam. Neben den größtenteils in Vergessenheit geratenen Mitteln und Folgen dieses „Kampfes an der Heimatfront" wirft auch das national und ethnologisch geprägte Interesse der Deutschen an „Fremden" – im Rahmen der kaiserlichen Kolonialpolitik Ende des 19. Jahrhunderts – und dessen Fortschreibung in rassistischen Stereotypen vom „Feind" in den Ausstellungen des Ersten Weltkriegs ein gespenstisches Licht auf die Entwicklung eines gesellschaftlichen Konsenses am Vorabend der Weimarer Republik.

„Eine aufschlussreiche Fallstudie, die auch der historische Laie mit Gewinn lesen kann."

Stefan Goebel / H-Net

Verbrecher Verlag Gneisenaustraße 2a 10961 Berlin
www.verbrecherei.de info@verbrecherei.de

„Auf dieser Platte hörst du Dichter der Schwarzen Nation“ AMIRI BARAKA (1965)

Respekt!

BILLIE HOLIDAY : Strange Fruit JOHN COLTRANE : Alabama CHARLES MINGUS : Original Faubus Fables JOHN COLTRANE : A Love Supreme Part 1 – Acknowledgement (Alternative Take) MAX ROACH : Mendacity ART BLAKEY & THE JAZZ MESSENGERS : Free For All ARCHIE SHEPP : Malcolm, Malcolm – Semper Malcolm ORNETTE COLEMAN : Broken Shadows ARCHIE SHEPP : Damn If I Know (The Stroller) SAM RIVERS : Postlude STEVE COLEMAN GROUP : Motherland Pulse CECIL TAYLOR : T (Beautiful Young) WILLIAM PARKER VIOLIN TRIO : Singing Spirits

CD zusammengestellt und kommentiert von Christian Broecking

UNIVERSAL

Various Artists: Respekt! CD Universal 06024 9817717 www.jazzecho.de